Waltraud Witte

Eiskunstlauf Basics

Waltraud Witte

EISKUNSTLAUF BASICS

Meyer & Meyer Verlag

2., vollständig überarbeitete Auflage von
„Tipps für Eiskunstlauf"

Papier aus nachweislich umweltverträglicher Forstwirtschaft.
Garantiert nicht aus abgeholzten Urwäldern!

Die Übungen und praktischen Hinweise in diesem Buch sind von den Autoren
sorgfältig ausgesucht und überprüft worden. Für Unfälle oder Schäden jeglicher Art,
die im Zusammenhang mit dem Inhalt des Werks stehen, können die Autoren
jedoch keinerlei Haftung übernehmen.

Aus Gründen der besseren Lesbarkeit haben wir uns entschlossen, durchgängig
die männliche (neutrale) Anredeform zu nutzen, die selbstverständlich
die weibliche mit einschließt.

Eiskunstlauf Basics
Bibliografische Information der Deutschen Nationalbibliothek
Die Deutsche Nationalbibliothek verzeichnet diese Publikation in der Deutschen
Nationalbibliografie; detaillierte bibliografische Details sind im Internet über
http://dnb.d-nb.de abrufbar.

Alle Rechte, insbesondere das Recht der Vervielfältigung und Verbreitung sowie das
Recht der Übersetzungen, vorbehalten. Kein Teil des Werkes darf in irgendeiner Form –
durch Fotokopie, Mikrofilm oder ein anderes Verfahren – ohne schriftliche Genehmigung
des Verlages reproduziert oder unter Verwendung elektronischer Systeme verarbeitet,
gespeichert, vervielfältigt oder verbreitet werden.

© 2002 by Meyer & Meyer Verlag, Aachen
2., vollständig überarbeitete Auflage 2009
Adelaide, Auckland, Budapest, Cape Town, Graz, Indianapolis,
Maidenhead, New York, Olten (CH), Singapore, Toronto
Member of the World
Sport Publishers' Association (WSPA)
Druck und Bindung: B.O.S.S Druck und Medien GmbH
ISBN: 978-3-89899-331-9
E-Mail: verlag@m-m-sports.com
www.dersportverlag.de

INHALT

VORWORT 9

1 KURZER GESCHICHTLICHER ÜBERBLICK 11

2 AUSRÜSTUNG 17
   2.1 Kleidung 17
   2.2 Schlittschuhe 18
       2.2.1 Eiskunstlaufstiefel 19
       2.2.2 Das Eisen 19
       2.2.3 Wie werden Schlittschuhe und Eisen gepflegt? 20
       2.2.4 Wie schnürt man seine Schlittschuhe richtig? 20

3 BETRACHTUNGEN ZUR EIGENART VON SPORTART UND GERÄT 22
   3.1 Das Eis 22
   3.2 Der Kunstlaufschlittschuh 22
   3.3 Der Schlittschuh und seine Bewegungsmöglichkeiten
       auf dem Eis 23
   3.4 Was unterscheidet Eiskunstlaufen von
       anderen Sportarten? 25

4 DIE ERSTEN SCHRITTE AUF DEM EIS 28
   4.1 Erfühlen des richtigen Standes 28
   4.2 Erstes Erfühlen der Kante 30
   4.3 Die „Hocke" 32
   4.4 Der „Storch" 33
   4.5 Der erste Sprung 34
   4.6 Beschleunigen im beidbeinigen „Slalomlauf" 35
   4.7 Bremsen 36
   4.8 Stürzen und Aufstehen 37

5 DER LANGE WEG ZUM MEISTERLÄUFER 41
   5.1 Vereinsinterne Prüfungen 41
   5.2 Wettbewerbe für Läufer, die noch keine Prüfungen
       abgelegt haben 42

EISKUNSTLAUF BASICS

    5.3 Die Vorprüfungen der Deutschen Eislauf-Union (DEU) 43
          5.3.1 Der Freiläufer 44
          5.3.2 Der Figurenläufer 48
          5.3.3 Der Kunstläufer 52
    5.4 Die Kürklassen beim Einzellaufen 64

6 GRUNDLEGENDE LAUFTECHNIKEN 67
    6.1 Vorwärtslaufen 67
          6.1.1 Laufschritt vorwärts 67
          6.1.2 Übersetzen vorwärts 68
    6.2 Rückwärtslaufen 73
          6.2.1 Schlittschuhschritt rückwärts 73
          6.2.2 Übersetzen rückwärts 75
    6.3 Richtungswechsel 78
          6.3.1 Drehen von vorwärts auf rückwärts 78
          6.3.2 Drehen von rückwärts auf vorwärts 79
    6.4 Bremsen 81
          6.4.1 Bremsen mit einem Bein bei beidbeinigem Stand 81
          6.4.2 Einbeiniges Bremsen 83

7 INHALTE EINES EISKUNSTLAUFPROGRAMMS 85
    7.1 Schritte und Drehungen 85
          7.1.1 Schritte 87
                    7.1.1.1 Chassée 87
                    7.1.1.2 Mohawk 88
                    7.1.1.3 Choctaw 90
                    7.1.1.4 Cross-Roll 92
                    7.1.1.5 Schwungbogen 96
                    7.1.1.6 Schlangenbogen 97
                    7.1.1.7 Spitzenschritte 98
          7.1.2 Drehungen 99
                    7.1.2.1 Dreier 99
                    7.1.2.2 Dreierschritt vorwärts auswärts 99
                    7.1.2.3 Dreier rückwärts auswärts 102
                    7.1.2.4 Doppeldreier 104
                    7.1.2.5 Gegendreier 104
                    7.1.2.6 Wende und Gegenwende 104

INHALT

	7.1.2.7	Twizzles	104
	7.1.2.8	Schlingen	104

7.2 Pirouetten 105
    7.2.1 Gemeinsame Technikmerkmale aller Pirouetten 106
    7.2.2 Die beidbeinige Standpirouette 110
    7.2.3 Die einbeinige Standpirouette 111
    7.2.4 Himmelspirouetten 114
    7.2.5 Waagepirouette 115
    7.2.6 Sitzpirouette 116
    7.2.7 Eingesprungene Pirouetten 117

7.3 Sprünge 118
    7.3.1 Sprünge, die zur Vorbereitung auf die in der Scale of Value gelisteten Sprünge dienen 118
        7.3.1.1 Beidbeinig gesprungene und gelandete Sprünge . *118*
        7.3.1.2 Einbeinig gesprungene und gelandete Sprünge . . *120*
            7.3.1.2.1 Pferdchen 120
            7.3.1.2.2 Dreiersprung 120
    7.3.2 In der Scale of Value gelistete Sprünge 121
        7.3.2.1 Gemeinsamkeiten der Technik bei allen Sprüngen 122
        7.3.2.2 Gemeinsamkeiten beim Erlernen der Technik von Sprüngen *128*
        7.3.2.3 Kantensprünge *130*
            7.3.2.3.1 Axel Paulsen 130
            7.3.2.3.2 Rittberger 132
            7.3.2.3.3 Salchow 134
        7.3.2.4 Zackensprünge *134*
            7.3.2.4.1 Toeloop 134
            7.3.2.4.2 Flip 135
            7.3.2.4.3 Lutz 136
        7.3.2.5 Verbindungssprünge *138*
            7.3.2.5.1 Spreizsprung 138
            7.3.2.5.2 Oppacher 139
            7.3.2.5.3 Walley 140
            7.3.2.5.4 Jeté 140
            7.3.2.5.5 Euler oder Thoren 140
        7.3.2.6 Sprungfolgen *140*
        7.3.2.7 Sprungkombinationen *140*

EISKUNSTLAUF BASICS

  7.4 Verbindende Elemente 146
    7.4.1 Fechter 146
    7.4.2 Pistole. 146
    7.4.3 Zirkel 148
    7.4.4 „Flieger" und Spirale 149
    7.4.5 Der "„Mond" 150
    7.4.6 Ina Bauer. 151

8 TRAINING 153
  8.1 Welche Eigenschaften und Fähigkeiten braucht
     ein Eiskunstläufer? 154
  8.2 Die Periodisierung des Eiskunstlauftrainings. 156
  8.3 Die einzelne Trainingseinheit 157
  8.4 Psychologische Gesichtspunkte 159
  8.5 Ernährung 160
  8.6 Die häufigsten Verletzungen beim Eiskunstlauf 160

9 DEUTSCHE EISKUNSTLAUFBESTIMMUNGEN (DKB) 162
  9.1 Die Leistungsklassen. 162
  9.2 Das Programm 164
  9.3 Die Bewertung 167
    9.3.1 Funktionäre und Preisrichter. 167
    9.3.2 Technischer Wert eines Programms 168
    9.3.3 Die Programmkomponenten. 169
    9.3.4 Punktabzüge. 171
    9.3.5 Endergebnis 171
    9.3.6 Erfahrungen mit dem neuen Wertungssystem 171

FACHBEGRIFFE UND ABKÜRZUNGEN 174
LITERATUR 178
BILDNACHWEIS 179
MITWIRKENDE 180

VORWORT

Eiskunstlauf umfasst die Disziplinen Einzellauf, Paarlauf, Eistanz und Formationslauf. Im Einzellauf werden die Basistechniken erlernt und Grundlagen für eine eventuelle spätere Spezialisierung auf die verschiedenen Disziplinen gelegt. *„Eiskunstlauf Basics"* hat zum Ziel, diese Grundlagen anschaulich darzustellen.

Das Buch richtet sich

- an alle, die gern Eislaufen und dabei ästhetisch-schönes, artistisch-tänzerisches Bewegen bevorzugen,

- an Personen, die auch schwierigere sportliche Elemente, wie Sprünge oder Pirouetten, erlernen möchten,

- an solche, die auch an Wettbewerben teilnehmen wollen.

Das Buch beansprucht aber nicht, einen Trainer zu ersetzen. Um wirkliches Können zu erreichen, ist die Anleitung eines ausgebildeten Eiskunstlauftrainers unverzichtbar.

Danken möchte ich

- Marion Sobottka, Eislauflehrerin des Staatlichen Schulamtes der Stadt Nürnberg, die mir für die Fotoaufnahmen bereitwillig einen Teil der von ihr angemieteten Eisfläche abtrat,

- der ARENA NÜRNBERGER VERSICHERUNG und deren Eismeistern für die gute Beleuchtung,

- den Trainerinnen des EC Nürnberg, Carolin Meister-Goschy, Verena Diebold und Siglinde Rappel, die mir als fachliche Beraterinnen zur Seite standen, und ihre Schüler für die Aufnahmen freistellten.

Mein ganz besonderer Dank aber gilt den begabten und sich begeistert einsetzenden Eiskunstläufern Victoria Bauer, Esther Herzog, Saskia, Sören, und Svenja Koenen, Jenny Kussmann, Ronja Nickel, Steffi Sobottka und Julia Tillmanns.

KURZER GESCHICHTLICHER ÜBERBLICK

1   KURZER GESCHICHTLICHER ÜBERBLICK

Eislaufen ist die älteste und bis Mitte des 20. Jahrhunderts auch die meistbetriebene aller Wintersportarten! Es lässt sich durch archäologische Funde in verschiedenen Gegenden Europas rund 6.000 Jahre zurückverfolgen!

Damals war Eislaufen natürlich noch kein Sport, sondern diente vermutlich nur dem Zweck, sich im Winter auf gefrorenen Seen und anderen Wasserflächen schneller und müheloser fortzubewegen. Dazu schnallte man sich gespaltene Tierknochen, z. B. von Rindern, Rentieren oder Pferden, unter die Füße und stieß sich mit einem oder zwei langen Stöcken vom Eis ab, ähnlich wie jetzt beim Skilaufen.

Eis*kunst*lauf entwickelte sich ab der Mitte des 18. Jahrhunderts: In Edinburgh wurde 1742 der erste Eislaufklub der Welt gegründet, 1772 erschien das erste Eislaufbuch, *„A treatise on skating"*, in dem u. a. Kunstlauffiguren wie die Spirale vorwärts auswärts, der Mond und der Dreierschritt beschrieben wurden. Der „englische Stil" zeichnete sich aber durch steifes und eintöniges Laufen aus. Es herrschten starre Posen vor, die meist auf Kommando eines "callers" gelaufen wurden.

1825 erschien auch in Deutschland ein Eislauflehrbuch, Ch. S. Zindels *Der Eislauf und das Schlittschuhfahren*. Es behandelte die Wahl der Kleidung, die richtige Befestigung der Schlittschuhe und unterschied vier Elementarbewegungen: den geradeaus erfolgenden Eislauf, das Übertreten, den auswärts gehenden Bogenlauf und das Umwenden.

Der erste deutsche Eislaufverein wurde 1861 in Frankfurt gegründet, die ersten Eislaufhallen entstanden 1881 in Frankfurt und 1896 in Nürnberg. Eislauf teilt sich nun auch schon in Eiskunstlauf und Eisschnelllauf auf.

Mitte des 19. Jahrhunderts leiteten die Vorführungen des Amerikaners Jackson Haines eine weitere Wende im europäische Eislauf ein. In seinem Tanzprogramm zeigte er viele bis dahin unbekannte Figuren: blitzschnelle Wendungen, kleine Sprünge und auch eine Sitzpirouette. Diese neuen, sportlicheren Elemente erlaubte ihm sein selbst erfundener Schlittschuh, ganz aus Metall und fest am Schuh angeschraubt.

EISKUNSTLAUF BASICS

1868 kam Haines nach Wien, wo er durch einen Walzertanz auf dem Eis begeisterte. In der Folge revolutionierte Haines' Laufstil das Eislaufen. Es entstand die Systematik der „Wiener Schule", die von fünf Grundfiguren ausging – Bogen, Schlangenbogen, Dreier, Doppeldreier und Schlinge – und auch das Laufen in Achterform auf einem Fuß entwickelte, Grundlage der bis Ende der 80er Jahre gültigen Pflichtfiguren.

Abb. 1: Die fünf Grundfiguren der Wiener Schule

Die Wiener Schule favorisierte kleine, mit wenig Schwung gelaufene Figuren. Man bewegte sich kaum vorwärts, gefiel sich in schwierigen Kombinationen und in Figurendrechslerei. Eduard Engelmann z. B., 1892 und 1894 Europameister, rühmte sich, er könne eine komplette Kür auf einer Eisfläche laufen, die nicht größer als eine Tischplatte sei!

Erste Wettbewerbe im Eiskunstlauf gab es 1872. Verlangt waren eine Kür, die obigen Grundfiguren sowie eine Spezialfigur. Haines' Schüler entwickelten den Eiskunstlauf weiter und formulierten auch die ersten Eislaufregeln, den *„Regulativ"*, der später von der Internationalen Eislauf-Union (ISU) übernommen wurde.

Neue Impulse kamen Ende des 18. Jahrhunderts aus Norwegen. Dort wurde athletisch-kraftvoll gelaufen, voll Schwung und Frische. Einer dieser norwegischen Sportler war Axel Paulsen. 1882, bei einem Wettbewerb in Wien, zeigte er erstmals den nach ihm benannten Sprung mit anderthalb Umdrehungen.

KURZER GESCHICHTLICHER ÜBERBLICK

Anfang des 20. Jahrhunderts prägte der Schwede Ulrich Salchow die Eiskunstlaufszene. Er erfand die Zacken an den Eisen der Schlittschuhe. Verewigt hat er sich durch die Erfindung des Salchows.

Ende des 19. Jahrhunderts entstanden die ersten nationalen und internationalen Eislaufverbände: 1889 der „Deutsche und Österreichische Eislauf-Verband", 1892 die Internationale Eislauf-Vereinigung „IEV", heute „ISU" genannt. Sie schufen einheitliche Regeln für die Ausübung des Eislaufsports und führten 1902 das Klassenlaufen ein. Damals gab es drei Klassen, in den unteren Klassen waren nur Pflichtfiguren zu laufen, in der ersten, gleich Meisterklasse, zusätzlich drei Kürfiguren.

Hier noch einige interessante Daten:

1882	Der Norweger Axel Paulsen zeigt den nach ihm benannten *Axel* auf *Schnelllauf*schlittschuhen (!). Bis heute gilt der Axel als der schwierigste aller Grundsprünge.
1891	Erstes gemischtes Paarlaufen (Dame und Herr) in Wien. Vorher liefen jeweils zwei Herren zusammen!
1891	Die ersten europäischen Meisterschaften für Eisschnelllauf und Eiskunstlaufen werden in Hamburg ausgetragen.
1896	Erste Weltmeisterschaft im Eiskunstlaufen, nur für Herren (!), in St. Petersburg.
1898	Der Schwede Ulrich Salchow zeigt zum ersten Mal seinen *Salchow*.
1902	Erste Weltmeisterschaft mit Beteiligung einer Frau. Es gewinnt Ulrich Salchow, Madge Syers aus Großbritannien, die einzige weibliche Teilnehmerin, wird Zweite.
1906	Erste Weltmeisterschaft für Damen in Davos, Gewinnerin wieder Madge Syers. Die Anforderungen im Pflichtlauf entsprechen denen bei den Männern, in der Kür laufen die Damen aber vier Minuten, die Männer fünf.
1908	Erste Weltmeisterschaft für Paare in St. Petersburg, Gewinner Hübler-Burger, Deutschland.
1908	Seit 1908 ist Eiskunstlaufen olympisch. Bei der Sommer(!)-Olympiade in London gab es erste Eiskunstlaufwettbewer-

EISKUNSTLAUF BASICS

	be in der Halle, allerdings noch außerhalb des offiziellen olympischen Programms. Gewinner bei den Herren: Ulrich Salchow.
1909	Eröffnung der ersten Freiluftkunsteisbahn der Welt in Wien-Hernals.
1910	Der Deutsche Werner Rittberger erfindet den *Rittberger*.
1913	Der Wiener Alois Lutz springt den nach ihm benannten Sprung.
1915-1921	Keine Europa- und Weltmeisterschaften.
1924	Erste Olympische Winterspiele in Chamonix/Frankreich. Eislaufwettbewerbe werden im Eiskunstlauf (Herren, Damen, Paare), Eisschnelllauf und Eishockey durchgeführt.
1928	Der Schwede Grafström und der Kanadier Montgomery Wilson stehen den ersten Doppelsprung, einen Salchow.
1927-1936	beherrscht Sonja Henie den Eiskunstlauf der Damen. Sie erzielt drei Olympiasiege und gewinnt 10 Welt- und sechs Europameisterschaften.
1940-1946	Keine Europa- und Weltmeisterschaften.
1940 und 1944	Keine Olympiade.
1943	Die Reichsjugendführung schafft die Eislaufmeisterschaft der Hitlerjugend ab, da Eislaufen als weibisch und wertlos für die Wehrertüchtigung angesehen wird.
1948	Richard (Dick) Button springt bei seinem ersten Olympiasieg in St. Moritz als erster Läufer in einem Wettbewerb einen doppelten Axel.
1951	Erste Weltmeisterschaft im Eistanz.
1952	Olympiade in Oslo. Paul Falk und Ria Baran werden Olympiasieger im Paarlauf.
	Dick Button soll hier bei seinem zweiten Olympiasieg zum ersten Mal einen Dreifachsprung gezeigt haben, den Rittberger. Die Meinungen gehen aber auseinander. Dieser Sprung und auch der erste dreifache Lutz werden ca. 1957 auch David Jenkins zugeschrieben. Oder war es
1962	Donald Jackson (Kanada) bei der Weltmeisterschaft in Prag?
	In diesem Jahr springt auch Denise Biellmann als erste Frau den dreifachen Lutz.

KURZER GESCHICHTLICHER ÜBERBLICK

1967	Der ISU-Kongress beschließt, Pflicht und Kür als gleichwertig zu behandeln: Wertung je 50 %.
1972	Einführung einer „Pflichtkür". Sie entspricht dem heutigen Kurzprogramm. Dies zählt 20 %, die Pflicht 30 %, die Kür 50 %.
1976	Eistanzen wird olympisch.
1984	Fadejew zeigt bei der Olympiade in Sarajewo den ersten vierfachen Sprung, einen vierfachen Toeloop. Auch hier gehen aber die Meinungen auseinander. Andere Quellen sagen, dass
1988	bei der WM in Budapest der Kanadier Kurt Browning der erste Läufer gewesen sei, dem der vierfache Toeloop gelang.
1990	Abschaffung des Pflichtprogramms. Ab 1991 werden nur noch Kür (66,7 %) und Kurzprogramm (33,3 %) gelaufen.
1991	Die Französin Surya Bonaly springt bei der Weltmeisterschaft in München als erste Dame den *vierfachen Toeloop*. Es ist allerdings umstritten, ob sie ihn erfolgreich stand.
1997	In Deutschland werden die Kürklassen (Reihenfolge 8 bis 1) eingeführt, abzulegen beim jeweiligen Landesverband.
2000	Beim Finale des ISU Grand-Prix zeigt Timothy Goebel die unglaubliche Sprungkombination: „vierfacher Salchow, dreifacher Toeloop, dreifacher Rittberger".
2004	In der Saison 2004/05 wird von der ISU ein neues Bewertungssystem eingeführt, welches das bisher gültige „6.0 System" ablöst.

Trainingsbekleidung

2   AUSRÜSTUNG

Geht man ca. eine halbe Stunde vor Beginn des Eiskunstlauftrainings zur Eislaufhalle, so begegnet man vielen Kindern und Jugendlichen, die einen großen Koffer hinter sich herziehen.

Sie begeben sich nicht auf eine Reise. Es sind die Eiskunstläufer, die all ihre Utensilien dabeihaben, die Trainingskleidung, Strumpfhosen, Söckchen, Handschuhe, Sprungseil, Haarband, …

Kind mit Kunstlauftrolley

2.1   KLEIDUNG

Grundsätzlich kann man beim Eislaufen alles tragen, was gefällt und gut aussieht. Die Kleidung sollte vor allem sportlich-leicht und bequem sein. Sie darf die Bewegungsfreiheit nicht einschränken und muss gleichzeitig vor Fahrtwind und Kälte schützen.

Eiskunstläufer aber wollen immer elegant gekleidet sein, nicht nur bei Wettbewerben und Schaulaufen, sondern auch im Training. Läuferinnen tragen Eislaufkleider, einen Rock mit T-Shirt oder einen Gymnastikanzug und hautfarbene oder im Ton passende Spezialstrumpfhosen.

Es gibt z. B. wärmende Eiskunstlaufstrumpfhosen ohne Fuß oder wärmende „Over-the-Boot"-Strumpfhosen. Die Kleider sind meist in Handarbeit individuell gefertigt und relativ teuer. Maschinell hergestellte Kleider sind preiswerter und auch recht schön. Läufer tragen lange Hosen, meist aus Stretchmaterial, dazu ein beliebiges Oberteil/Hemd, T-Shirt oder einen leichteren Pulli. Elegant wirkt auch ein einteiliger Eislaufanzug. Unten haben die Hosen einen elastischen Steg, der unter die Eislaufschuhe passt, dadurch die Hose spannt und die Beinhaltung betont.

EISKUNSTLAUF BASICS

Zur Kleidung bei Wettkämpfen sagen die Deutschen Kunstlaufbestimmungen (DKB):
Sie muss bescheiden, „dem Sport angemessen und würdig sein. Schreiende Farben oder affektiert-pomphafte Kostüme sind verboten". Sie soll „den Charakter der Musik widerspiegeln. Requisiten und Accessoires sind nicht erlaubt. Die Damen können einen Rock oder eine Hose tragen, die Herren müssen eine lange Hose tragen. ‚Tights' sind für Herren verboten. Die Kleidung soll insgesamt nicht den Eindruck von Nacktheit vermitteln."

An den Füßen reichen *ein* Paar Socken, Söckchen oder für die Damen nur dünne Strumpfhosen. Zieht man ein zweites Paar darüber, bilden sich leicht Falten und eventuell schmerzhafte Blasen. Außerdem leidet das „Eisgefühl", d. h. das Gefühl für den Kontakt mit dem Eis (vgl. Kap. 3).

2.2   SCHLITTSCHUHE

Ein ambitionierter Eiskunstläufer wird selbstverständlich eigene Schlittschuhe erwerben. Für den Anfang genügen fertige „Complets", d. h. eine fest verbundene Kombination aus Eisen und Lederstiefeln. Der gute Fachhandel bietet „Einsteigersets" von passabler Qualität an, Preis momentan ca. € 130.-. Für Anfänger kann man im Eislaufklub meist aber auch günstige gebrauchte Schlittschuhe kaufen.

Dabei muss man darauf achten, dass man gerade über den Kufen steht, ohne nach innen und außen zu kippen. Die im Hobbylauf üblichen Complets mit Schalenstiefeln aus Kunststoff, die mit wenigen Schnallen zu schließen sind, sind für den Eiskunstläufer nicht geeignet. Sie geben dem Knöchel zwar guten seitlichen Halt, erlauben aber zu wenig Bewegungsfreiheit nach vorn. Auch passen sie sich dem Fuß nicht so individuell an, wie dies ein Lederschuh mit Schnürsenkeln tut.

Fortgeschrittene Läufer erwerben Eisen und Schuh im guten Fachhandel getrennt oder lassen sich einen Stiefel nach Maß anfertigen. Beide Teile werden dann vom Fachmann (Trainer oder Händler) zusammengeschraubt. Der Preis reicht momentan von ca. € 200.- bis € 500.- für den Stiefel und € 40.- bis € 450.- für das Eisen. Höherer Preis bedeutet in der Regel auch höhere Qualität, mehr Komfort und bessere Voraussetzungen für eine Leistungsverbesse-

AUSRÜSTUNG

rung! Bleibt ein Lernfortschritt aus, liegt dies oft nicht an mangelnder Begabung, sondern am schlechten Material! Billige Complets haben zu weiches Leder und wenig verschleißfeste Eisen. Solches Leder gibt dem Fuß nur wenig Halt, die Kanten nutzen sich schnell ab und müssen häufig geschliffen werden.

Einsteigerset

2.2.1 EISKUNSTLAUFSTIEFEL

Die Stiefel für Mädchen und Damen bestehen aus weißem Leder, männliche Läufer tragen sie in schwarz. Farblich zum Kostüm harmonierend werden sie durch sogenannte „Over(-the-)Boots", das sind über den Schuhen zu tragende Strumpfhosen oder Überzüge.

Beim Kauf ist darauf zu achten, dass der Stiefel durch eine zusätzliche Knöchelstütze eine gute Seitenversteifung hat, das Lederinnere muss dick und steif, die lederne Zunge gut gepolstert sein.

Entscheidend ist, dass der Fuß einen guten Halt findet. Wie ein Handschuh die Hände, so sollten die Schlittschuhe die Füße eng umschließen. Insbesondere die Ferse muss fest im Stiefel sitzen. Jede Bewegung des Körpers muss sich über Fuß und Eisen unmittelbar aufs Eis übertragen können. In der Regel sind Schlittschuhe deshalb eine halbe bis eine Nummer kleiner zu kaufen als Straßenschuhe. Lassen Sie sich im guten Fachhandel – meist leider nur in Eiskunstlaufhochburgen ansässig – beraten! Am besten lassen Sie Ihre Füße vermessen, denn auch die Breite des Fußes ist zu berücksichtigen.

2.2.2 DAS EISEN

Das Eisen, auch Kufe oder Schiene genannt, ist längs unter der Mitte des Schuhs angeschraubt und reicht vom Zwischenraum neben dem großen Zeh bis zur Mitte der Ferse. Es besteht aus gehärtetem Stahl, der Ausdruck „Eisen" ist also eigentlich falsch.

EISKUNSTLAUF BASICS

Neue Eisen haben einen „Industrieschliff". Um damit eislaufen zu können, müssen die Kanten erst einmal geschliffen werden! Dabei ist zu beachten, dass der Schliff bis knapp vor die unterste Zacke geht, diese darf keinesfalls beschädigt werden! Das ist mit normalen Schleifmaschinen nicht möglich. Fragen Sie deshalb beim örtlichen Eislaufklub oder den Trainern nach, wo die Profis ihre Schlittschuhe schleifen lassen! Dort sind Sie an der richtigen Adresse.

2.2.3 WIE WERDEN SCHUHE UND EISEN GEPFLEGT?

Schuhe aus Leder putzt man ab und zu mit guter Creme. Für den Weg zur Eisfläche und wieder zurück zur Garderobe streift man Schoner über, um die Eisen vor Beschädigungen durch Boden und Schmutz zu schützen. Vor Betreten des Eises müssen die Schoner aber abgelegt werden, ansonsten sind böse Stürze die Folge!

Damit die Eisen nicht rosten, sollten sie nach dem Lauf sorgfältig mit einem kleinen Handtuch oder Papiertaschentuch abgetrocknet werden. Anschließend müssen Schlittschuhe und Schoner, die ja noch nass sind, unbedingt getrennt voneinander aufbewahrt werden. Sonst gibt es vor dem nächsten Lauf eine böse Überraschung: Die Kufen könnten verrostet sein, die Kanten müssen neu geschliffen werden!

2.2.4 WIE SCHNÜRT MAN SEINE SCHLITTSCHUHE RICHTIG?

In Höhe der Zehen wird locker geschnürt, vom Mittelfuß bis über den Knöchel fest, bei den letzten 2-3 Haken lässt man die Schnürung locker auslaufen. So werden die Zehen nicht abgedrückt und bleiben warm, man hat guten Halt in der Ferse und die Beweglichkeit nach vorne ist gegeben.

Schnüren der Schlittschuhe

EISKUNSTLAUF BASICS

3 BETRACHTUNGEN ZUR EIGENART VON SPORTART UND GERÄT

3.1 DAS EIS

Eislaufen ist möglich, da Eis auch bei Temperaturen unter dem Gefrierpunkt noch eine hauchdünne Oberflächenschicht aus flüssigem Wasser besitzt (im Nanobereich, schon Faraday erklärte so das Aneinanderfrieren von zwei Eiswürfeln). Beim Eislaufen wird durch den Druck des Schlittschuhs aufs Eis zusätzlich noch Reibungswärme erzeugt. So bildet sich Wasser und der Schlittschuh gleitet leichter.

Eis verändert sich mit der Temperatur: Kalte Temperaturen bedingen hartes Eis, warme Temperaturen weicheres. Bei großer Kälte ist es kristalliner, damit spröder und weist schlechtere Gleitwerte auf. Aber auch zu weiches Eis ist nachteilig: es wird schnell von den Kufen abgeschliffen und entstandene Kratzer bzw. Risse frieren nur langsam wieder zu, es bleibt uneben und damit ebenfalls langsam. Fürs Eiskunstlaufen am günstigsten ist weicheres Eis von -4 bis -5,5° C.

Mit den Jahren entwickelt ein Eiskunstläufer ein gutes „Eisgefühl", d. h., er fühlt, wie das Eis beschaffen ist und passt seine Bewegungen den jeweiligen Bedingungen an. „Eisgefühl" ist eine koordinative Eigenschaft, eben so wie beim Skilauf das „Schneegefühl", durch welches ein Läufer auch bei schlechter Sicht seine Technik zu ändern weiß, je nachdem, ob er im Tiefschnee, auf einer Eis-piste oder bei Firn Ski fährt.

3.2 DER KUNSTLAUFSCHLITTSCHUH

Kunstlaufschlittschuhe bestehen, wie schon gesagt, aus Stiefel und Eisen. Die Standfläche der Eisen bezeichnet man als Kufe. Diese ist ca. 3-4 mm breit und hat einen schwachen Hohlschliff. Daraus resultieren zwei scharfe Kanten, die, in Relation zum Körper, Innen- und Außenkante genannt werden.

Beim Gleiten auf der gesamten Kufe fährt der Schlittschuh geradeaus. Läuft man dagegen auf der Innen- oder Außenkante, so fährt der Schlittschuh einen Kreisbogen.

EIGENARTEN

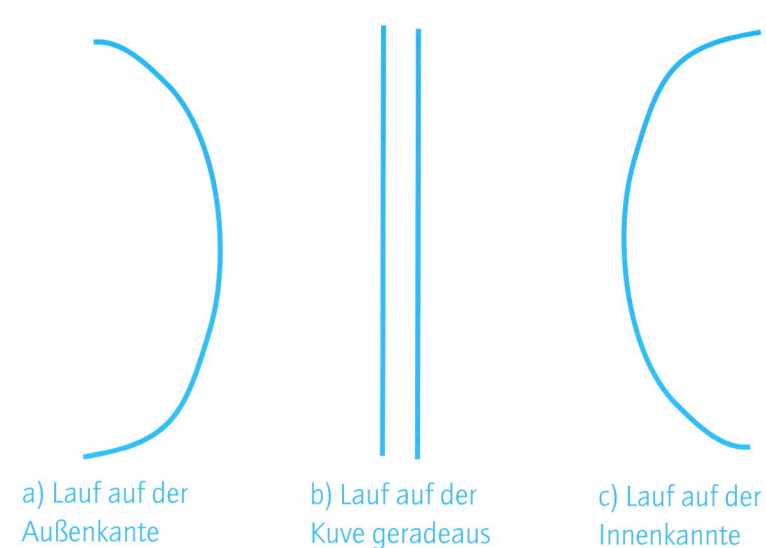

a) Lauf auf der Außenkante   b) Lauf auf der Kuve geradeaus   c) Lauf auf der Innenkannte

Abb. 2: Spurenbild beim Lauf auf Außenkante, Kufe und Innenkante

Der Länge nach ist die Kufe leicht konvex gewölbt. Daher liegt immer nur ein kleiner Teil davon auf dem Eis auf. Der ideale „Laufpunkt" befindet sich in der Mitte der Eisen, beim Vorwärtslauf mehr Mitte hinten, beim Lauf rückwärts Mitte vorn. Drehungen von vorwärts auf rückwärts macht man auf dem vorderen Teil des Schlittschuhs. Hier werden auch die Pirouetten gedreht. Auf dem rückwärtigen Teil dreht man von rückwärts auf vorwärts.

Typisch sind die Zacken am vorderen Ende der Kunstlaufeisen. Sie sind besonders für Absprung und Landung bei Sprüngen, für die Zentrierung von Pirouetten sowie für das Ausführen einiger Schritte wichtig.

3.3   DER SCHLITTSCHUH UND SEINE BEWEGUNGSMÖGLICHKEITEN AUF DEM EIS

Gleiten kann man mit dem Schlittschuh nur in Richtung seiner Längenausdehnung. Quer gestellt dagegen findet der Schlittschuh Widerstand. Das nützt man aus, um zu bremsen bzw. sich vom Eis abzudrücken. Auf den Zacken der Eisen findet man Halt: Streckt man die Füße wie ein Kunstturner, so bohren sich die Zacken ins Eis. Man kann darauf stehen, kleine Schritte ge-

EISKUNSTLAUF BASICS

Fußaufsatz beim Laufschritt

hen, sich drehen oder seitliche Nachstellschritte bzw. -hüpfer machen. Bei einigen Sprüngen, z. B. beim Spreizsprung oder dem Toeloop, drückt man sich von der großen oberen Zacke ab, bei *allen* Sprüngen aber bremst man den Schwung durch kurzes Landen auf der untersten Zacke und rollt dann sofort rückwärts auf der Außenkante ab.

Mit Schlittschuhen kann man nicht, wie beim Gehen an Land, raumgreifende Schritte machen und von der Ferse zur Spitze hin abrollen. Bei jedem Schritt muss immer der ganze Fuß aufgesetzt werden, direkt unter dem Körper und nahezu ohne Raumgewinn. Dann das Standbein aktiv vorwärts schieben. Dabei unbedingt die Fußgelenke fixieren, keinesfalls im Knöchel umknicken! Das Standbein dagegen ist meist mehr oder weniger stark gebeugt. Die Oberschenkelmuskulatur trägt den Körper, man steht stabil und kann kleine Bodenunebenheiten sowie eventuelle Gleichgewichtsschwierigkeiten gut ausgleichen.

Allein die Gewichtsverlagerung von einem auf das andere Bein genügt, um den Schlittschuh ein wenig gleiten zu lassen: Denn, wie oben schon erwähnt, entsteht durch den Druck aufs Eis Reibungswärme, der Wasserfilm, auf dem der Schlittschuh gleitet, verstärkt sich.

3.4 WAS UNTERSCHEIDET EISKUNSTLAUFEN VON ANDEREN SPORTARTEN?

Eiskunstlauf fordert vom Läufer eine besonders gut ausgebildete Gleichgewichtsfähigkeit. Er befindet sich immer im sogenannten „labilen Gleichgewicht", d. h. die kleine Fläche, auf der er steht, liegt *unter* dem Körper. Schon bei geringer Abweichung aus der Gleichgewichtslage kann daher eine Rückkehr in den Stand kaum mehr erfolgen, der Läufer stürzt.

Besonders erschwert wird der Erhalt des Gleichgewichts dadurch, dass
- die Standfläche auf der Kufe extrem klein ist. Bedingt durch die konvexe Längswölbung der Eisen, liegt beim Lauf geradeaus nur etwa die halbe Kufe auf dem Eis auf.
- Meist wird nur auf *einem* Bein gelaufen.
- Eiskunstlauf ist Bogenlauf, es wird meist nur auf *einer* Kante gelaufen.
- Dies aber heißt normalerweise Körperschräglage, die umso stärker ist, je schneller gelaufen wird. Neigungen bis zu 45° und mehr sind möglich!

EISKUNSTLAUF BASICS

Körperschräglage bei schnellem Lauf

Gerade damit hat der Eislaufanfänger aber Schwierigkeiten: Unsere Umwelt ist in geraden Linien aufgebaut. Häuser, Bäume, etc., alles steht senkrecht. Will sich ein Anfänger in die Kurve legen, steht seine Welt plötzlich schief. Er fürchtet zu stürzen und stellt sich wieder aufrecht auf seine Schlittschuhe. Das erklärt die früher häufigen Probleme beim Erlernen des Kantenlaufs. Hügin propagiert deshalb eine Kantentechnik ohne Neigung des Oberkörpers in den Kreis (vgl. dazu Kap. 6.1.2).

EISKUNSTLAUF BASICS

4 DIE ERSTEN SCHRITTE AUF DEM EIS

Die ersten Gehversuche können schon *vor* dem Gang aufs Eis gemacht werden, z. B. kann man auf den mit Schonern geschützten Schlittschuhen in der Wohnung herumstapfen. Man gewöhnt sich an die schmale Unterstützungsfläche und lernt die wesentlichsten Grundlagen, nämlich
- das Gleichgewicht auf der schmalen Kufe halten,
- den Fuß immer als Ganzes aufsetzen: kaum abrollen, d. h. nicht wie gewohnt gehen, sondern stapfen!, sowie
- die Fußgelenke fixieren. Immer senkrecht auf den Kufen stehen, nicht nach innen oder außen kippen.

4.1 ERFÜHLEN DES RICHTIGEN STANDES

Der Stand ist dann sicher, wenn die ganze Fußsohle gleichmäßig belastet ist. Keinesfalls darf auf Ferse oder Ballen ein stärkerer Druck spürbar sein!

Der Fuß ist immer genau unter dem Körper aufzusetzen. Anfangs kräftig stapfend, dann, mit fortschreitendem Können, weniger stark, aber mit deutlichem Vorwärtsschieben des Standbeinfußes, Knie voran, und damit des Körpers. Stärker als beim Gehen an Land wird das Gewicht von einem auf das andere Bein verlagert.

Bei kleinen Kindern hilft die Vorstellung, den Nikolaus nachzuahmen:
- Dieser stapft durch den Wald
    = vier Schritte vorwärts stapfen.

- Er setzt sich in seinem Rentierschlitten hin
    = Knie beugen zum Hockstand, dadurch wird verstärkter Druck aufs Eis ausgeübt, die Schlittschuhe gleiten vorwärts.

- Mit den Händen hält er dabei die Zügel fest
    = Hände und Arme bleiben vor dem Körper, das unterstützt die Erhaltung des Gleichgewichts.

Erst in einem späteren Lernstadium werden die Arme richtig gehalten: Wie ein Seiltänzer hält der Eiskunstläufer sie balancierend etwas unter Schulterhöhe seitwärts.

DIE ERSTEN SCHRITTE AUF DEM EIS

1

2

Nikolausstapfen

Stellung der Füße

Aktive Unterstützung eines Anfängers

EISKUNSTLAUF BASICS

Der Anfänger sollte sich möglichst ohne Hilfe eines anderen auf dem Eis bewegen, denn Gleichgewicht und richtigen Stand kann man nur erfühlen, wenn man auf den eigenen Beinen steht. Falls ein Kind bei den ersten Schritten aber doch unterstützt werden will/muss, läuft man am besten *neben* ihm und hält, wie auf Seite 29 abgebildet: Eine Hand greift von hinten unter den näheren Oberarm, die andere hält am Handgelenk.

Anders als beim Gehen an Land, bewegt man sich beim Eislaufen – gleichgültig in welcher Disziplin – nie geradeaus, sondern mit jedem Schritt ca. im 45°-Winkel schräg vorwärts. Man beginnt aus der sogenannten V-Stellung der Füße. Der quer stehende Fuß drückt sich vom Eis ab, auf dem in Fahrtrichtung stehenden Fuß gleitet man (s. S. 29).

4.2 ERSTES ERFÜHLEN DER KANTE

Ein erstes Erfühlen der Innenkante erlebt der Anfänger beim sogenannten „Osterei" oder „Zitrone (auspressen)".

Technik: Aus dem Stand mit V-Stellung der Füße tief ins Knie gehen, die Füße auseinanderschieben und dann unter leichtem Aufrichten des Körpers wieder aktiv zusammenzuziehen, die Zehen sind nach innen gedreht. Die Innenkanten drücken sich so fest ins Eis, dass man sich davon abstoßen und Tempo gewinnen kann. Auf dem Eis bleibt eine der Form eines Eis/einer Zitrone ähnelnde Spur.

Nun können die bisher geübten Techniken kombiniert werden:

4 x Stapfen, beidbeiniges Gleiten, „Osterei". Dabei immer, anknüpfend an die Vorstellung, Nikolaus auf seinem Schlitten, „die Zügel festhalten", also die Arme leicht nach seitlich vorne anheben.

Abwechslung bringen Variationen, wie
- Kombination mit verschiedenen leichten Armbewegungen, z. B. Arme nach unten zusammen beim Tiefgehen zum „Osterei", Arme wieder zur Seite beim Aufrichten.
- Klatschen beim Tiefgehen zum Osterei.
- Paarweise synchron neben- oder hintereinander laufen.
- „Eierlauf" über in entsprechendem Abstand (2-3 m) ausgelegte halbierte Tennisbälle, Handschuhe oder andere kleine Gegenstände.

DIE ERSTEN SCHRITTE AUF DEM EIS

„Osterei", Zusammenziehen der Füße

EISKUNSTLAUF BASICS

4.3 DIE „HOCKE"

Das Gleichgewicht zu halten muss in allen fürs Eiskunstlaufen typischen Körperstellungen geübt sein, so auch im Hockstand.

Vier Nikolausstapfer als Anlauf, Blick geradeaus, Kopf hoch, Arme vorn, dann langsam möglichst tief in die Hocke gehen und so vorwärts gleiten.

Gleiten im Hockstand

DIE ERSTEN SCHRITTE AUF DEM EIS

4.4 DER „STORCH"

Über die bildliche Vorstellung, einen Storch nachzuahmen, gelingt das erste längere Gleiten auf einem Bein.

Aus dem beidbeinigen Stand wird ein Bein gebeugt entlang der Standbeinwade hochgezogen, bis sich dessen Innenknöchel gerade unterhalb des Standbeinknies befindet.

„Storch"

EISKUNSTLAUF BASICS

Der erste Versuch, diesen „Storch" auszuführen, erfolgt im ruhigen Stand, am besten mit Handfassung einem besseren Läufer/dem Trainer gegenüber.

Dann im Vorwärtsgleiten:
Vier Nikolausstapfer als Anlauf, kurzes beidbeiniges Gleiten, Storch.

Spaß macht es über kleine Hindernisse, z. B. eine Reihe halbierter Tennisbälle oder kleiner Spielhütchen:
Dicht am Tennisball oder Spielhütchen vorbeifahrend, wird jeweils mit einem Bein darübergestiegen, also kurzzeitig angedeuteter „Storch" links und rechts im Wechsel.

Aus höherem Tempo ist alles Eislaufen, und auch der „Storch", leichter. Daher die Variation:

Vier Nikolausstapfer als Anlauf, kurzes Gleiten, zur Tempobeschleunigung ein oder zwei „Ostereier", „Storch".

4.5 DER ERSTE SPRUNG

Sobald der sichere mittige Stand erfühlt und gefestigt ist, kann der erste kleine Sprung gewagt werden. Hier hilft wieder die Vorstellung: „Der Nikolaus fährt mit seinem Schlitten durch den Wald. Der Waldweg ist aber sehr uneben. Beim Fahren über eine Bodenerhebung schleudert es den Nikolaus aus seinem Sitz so in die Höhe, dass er quasi einen Sprung macht!"

Technik: Ausgangsstellung wie oben beim Nikolausstapfen, Knie- und Hüftgelenke werden gebeugt und so bleiben sie auch während des Sprungs: Anfangs sollte nur ein „Froschhüpfer" ohne Gelenkstreckung gemacht werden. So besteht keine Gefahr, dass der Anfänger in eine gefährliche Rücklage fällt und nach hinten stürzt (Gehirnerschütterung!). Gelandet wird beidbeinig tief im Knie und, wegen der Zacken (Sturzgefahr!), unbedingt auf dem hinteren Teil der Füße.

Eingeübt wird dieser Sprung aus dem ruhigen Stand am Ort, ein Partner (Eltern, Trainer) steht gegenüber und hält an den Händen. Schließlich allein, aus der langsamen, dann immer schneller werdenden Bewegung.

DIE ERSTEN SCHRITTE AUF DEM EIS

„Froschhüpfer"

Eine spielerische Übung hierzu ist das „Linienspringen": Alle auf dem Eis aufgezeichneten Linien werden in Wassergräben verzaubert. Diese sollen beliebig überwunden werden: Man kann sie übersteigen oder ein- bzw. beidbeinig auf die verschiedenste Art überspringen.

4.6 BESCHLEUNIGEN IM BEIDBEINIGEN „SLALOMLAUF"

Beim beidbeinigen „Slalomlauf" wird erstmals auch die Außenkante erfühlt.

Technik: Beide Beine laufen Schlangenlinien übers Eis. Dadurch erfolgt ein ständiger Belastungswechsel von der Innen- auf die Außenkante und umgekehrt.

EISKUNSTLAUF BASICS

„Slalomlauf"

Die Belastung der Außenkante gelingt, wenn die Beine parallel stehen, während die Knie seitlich wegkippen wie beim Slalom auf Skiern. Das auf der Innenkante gleitende äußere Bein drückt sich vom Eis ab und wird aktiv vorwärts gezogen. Mit dem Anreiz einer optischen Hilfe - Lauf durch eine Reihe Hütchen, halbierte Tennisbälle, o. Ä. – macht der beidbeinige Slalomlauf besonders viel Spaß.

Leider ist aber der Lauf auf der Außenkante nicht ganz einfach. Grund ist, dass der menschliche Außenknöchel mit stützenden Bändern nicht so gut versorgt ist wie der Innenknöchel. Damit sich Eislaufanfänger trotzdem gut in die Kurve legen, hilft die Vorstellung, die Kurven mit einem Fahrrad zu durchfahren: Die Hände halten den Fahrradlenker und nun wird durch die Hütchenreihe gekurvt.

4.7 BREMSEN

Bremsen kann man z. B. durch den einbeinigen Schneepflug. Dabei wird eine Ferse ausgedreht, d. h. ein Bein bremst in Pflugstellung auf dem vorderen Teil der Kufe, während das andere weitergleitet. Das Hauptgewicht ruht auf

DIE ERSTEN SCHRITTE AUF DEM EIS

dem rückwärtigen, stark gebeugten Bein. In der Zielform haben die Arme Gegenhaltung, d. h. der Standbeinarm ist vorn, der andere wird zur Seite gehalten.

Bremsen durch den einbeinigen Schneepflug

Zum Erlernen dieses Bremsens schiebt man zunächst Schneehäufchen mit dem Schlittschuh zusammen. Beim Training in der Gruppe wird versucht, einen Schneemann zu bauen! Dann wird im langsamen Lauf gebremst. Dabei hilft es, beide Hände auf dem gebeugten Standbein abzustützen. Dies macht klar: Dieses Bein soll ich beugen. Das andere strecke ich nach vorn, es schabt bremsend übers Eis.

4.8 STÜRZEN UND AUFSTEHEN

Meist kündigt sich ein Sturz rechtzeitig an. In der Regel bleibt noch genügend Zeit, den Körper unter Kontrolle zu bringen. Jetzt heißt es, locker und entspannt bleiben, nicht verkrampfen und, wenn es nicht mehr anders geht, den Sturz geschehen lassen. Also: klein machen, locker in sich zusammensinken und versuchen, auf dem Eis zu rutschen, bzw. sich abzurollen. Nach dem Sturz Hände und Beine sofort an den Körper heranziehen und möglichst schnell wieder aufstehen; beim Eiskunstlaufen wichtig, da im Wettbewerb die Musik weiterläuft. Beim Hobbylauf: Auf keinen Fall auf dem Eis liegen bleiben! Nachfolgende Läufer könnten evtl. nicht rechtzeitig ausweichen!

EISKUNSTLAUF BASICS

Sturz vorwärts

Schmerzhaft sind vor allem Stürze, die aus wenig Tempo, aber mit voller Wucht quasi senkrecht abwärts erfolgen! Aus höherer Geschwindigkeit ist das Fallen dagegen relativ ungefährlich, auch wenn das für den Zuschauer oft äußerst eklatant aussieht. Grund: Der Aufprallwinkel ist klein, man *rutscht* dann nur mit viel Tempo übers Eis.

Besonders gefährlich ist ein unerwarteter *Sturz nach hinten*. Hier unbedingt den Kopf schützen, indem man ihn nach vorne nimmt. Das macht den Rücken

DIE ERSTEN SCHRITTE AUF DEM EIS

rund, man rollt weich ab. Andernfalls fällt der Kopf unkontrolliert nach hinten, die Gefahr der Gehirnerschütterung droht!

Beim *Sturz nach vorn* fängt man sich mit den Händen ab, streckt zum Schutz der Ellbogen die Arme nach vorn, drückt die Beine zurück und lässt sich auf den Bauch rutschen. Keine Sorge um den Kopf, er bleibt durch den Kopfstellreflex automatisch oben! Dieser Reflex hilft, beim Sturz nach vorn, das Gesicht eines Menschen zu schützen.

Beim Üben des Sturzes nach vorn ist es empfehlenswert, anfangs Knie- und Ellbogenschoner (vom Inlineskaten) zu verwenden.

Beim *Sturz zur Seite* fängt man sich mit einer Hand ab, dreht sich nach vorn in den Kniestand und versucht, möglichst schnell wieder aufzustehen.

Schneller aufstehen nach einem Sturz

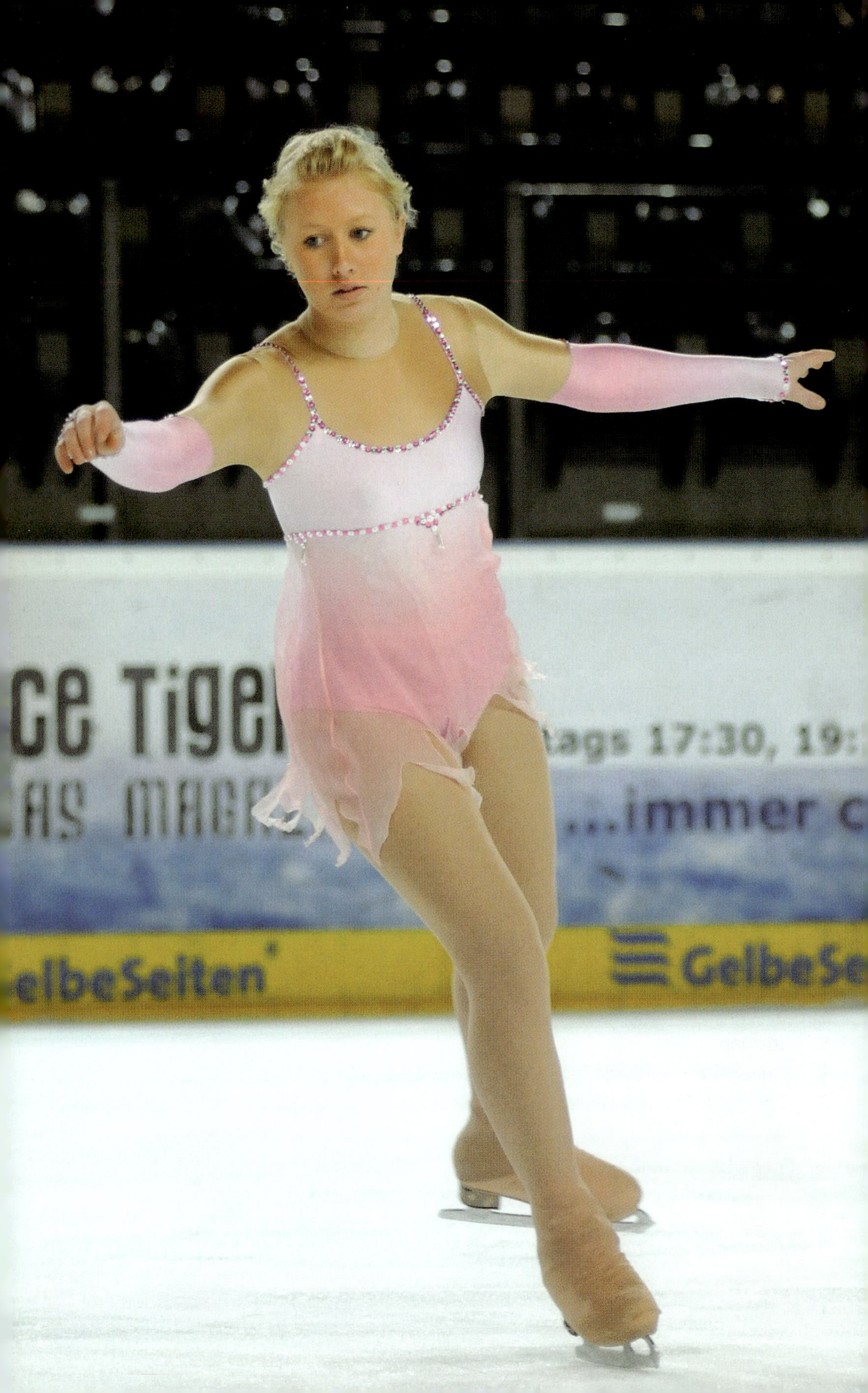

ce Tiger
AS MAGA
tags 17:30, 19:
...immer c
elbeSeiten
GelbeSe

5 DER LANGE WEG ZUM MEISTERLÄUFER

Wie alle echten Sportler wollen sich auch Eiskunstläufer mit anderen Läufern messen, um zu wissen, wo sie in der Rangskala ihres Klubs, der Region oder des Landes stehen. Dafür gibt es die verschiedensten Wettbewerbe.

5.1 VEREINSINTERNE PRÜFUNGEN

Innerhalb der Vereine gibt es sogenannte „vereinsinterne Prüfungen". Hier kann jeder, auch wenn er schon dem Kindesalter entwachsen ist, beweisen, dass er grundlegende Techniken des Eiskunstlaufens beherrscht. Als Beispiel seien die vom Eislaufklub Nürnberg festgelegten Prüfungen genannt. Hier beinhalten diese Tests folgende Technikformen:

Bronzetest

1. Vorwärts übersetzen in Achterform
2. Rückwärts übersetzen in Achterform
3. Flieger vorwärts
4. Schleppe vorwärts
5. Beidbeinige Standpirouette
6. „Pferdchen"

Silbertest

1. Dreierschritt rechts und links
2. Flieger im Kreis vorwärts und rückwärts
3. „Radiergummi" (= Flieger mit Spielbeinfassung)
4. Dreiersprung
5. Salchow
6. Toeloop
7. Dreierhüpfer links und rechts (= Dreier und Seitgalopp)
8. Einbeinige Standpirouette

Goldtest

Kür: Ca. eine Minute,
Inhalte: Mindestens Elemente des Silbertests

EISKUNSTLAUF BASICS

Bei bestandener Prüfung erhält man eine Urkunde. Das soll die Motivation steigern, fleißig weiterzutrainieren, um seine Leistung weiter zu verbessern.

Bronzetest, Übung 4:
Schleppe vorwärts mit Abstützen der Hände auf dem zu beugenden Bein

5.2 WETTBEWERBE FÜR LÄUFER, DIE NOCH KEINE PRÜFUNGEN ABGELEGT HABEN

Auch für Läufer, die noch gar keine Prüfungen abgelegt haben, werden Wettbewerbe ausgeschrieben. Beim *Arenapokal 2008* in Nürnberg z. B. war Hindernislauf ausgeschrieben, einmal ohne, einmal mit Rückwärtslaufen. Die Wertung erfolgte durch Zeitnahme. Dann wurden in drei Gruppen mit verschiedener Altersbegrenzung sogenannte „Elemente" geprüft, z. B. Hocke, Storch, Zitronen/Ostereier vorwärts und rückwärts, drei Hocksprünge, beliebiges Bremsen oder das Übersetzen rückwärts in Achterform, Rittberger-Schritte, Dreiersprung-Jeté-Toeloop, ...

DER LANGE WEG ZUM MEISTERLÄUFER

5.3 DIE VORPRÜFUNGEN DER DEUTSCHEN EISLAUF-UNION (DEU)

In Anlehnung an die im Schwimmen üblichen Abzeichen zum Freischwimmer, Fahrtenschwimmer etc. wurden schon 1967 auch im Eiskunstlauf Vorprüfungen geschaffen. Die zu erreichenden Qualifikationen nannte man *Frei-, Figuren-* und *Kunstläufer*. Damit sollen vorzugsweise Kinder in möglichst spielerischer Form an die nationalen Klassenlaufprüfungen (Kürklassen) herangeführt werden. Die gestellten Anforderungen sind Empfehlungen für die Landes-Eislaufverbände und werden nicht von allen Klubs durchgeführt. Sie blieben lange Zeit nahezu unverändert, erst im Jahr 2005 sind sie erneuert worden. Am bedeutsamsten war der Verzicht auf die bis dahin stark betonten Pfichtfiguren. Nun werden Lauf- und Sprungfähigkeiten sowie Pirouetten geprüft. Ihr Ablegen ist freigestellt und nicht Voraussetzung für die Zulassung zu weiteren Prüfungen (Kürklassen). Es ist aber die Reihenfolge Frei-, Figuren-, Kunstläufer einzuhalten. Bei Bestehen einer Prüfung erhält der Prüfling ein Stoffabzeichen sowie eine Urkunde und nennt sich Frei-, Figuren- bzw. Kunstläufer. Alle Elemente einer Klasse sind in der vorgegebenen Reihenfolge zu laufen. Die Anzahl der Ausführungen eines Elements bestimmt der Prüfer nach seinem Ermessen, wobei mindestens eine Wiederholung zugelassen ist.

Es werden keine Noten vergeben, sondern für jedes Element wird nur vermerkt, ob es

- gut (+),
- befriedigend oder
- mangelhaft (-)

ausgeführt wurde.

Die Prüfung ist bestanden, wenn

- kein Element mit mangelhaft (-) bewertet oder
- höchstens ein Element mit mangelhaft (-) bewertet, dieses jedoch durch mindestens drei Wertungen mit gut (+) ausgeglichen wurde.

Im Folgenden werden die bei den Vorprüfungen gestellten Anforderungen erläutert. Technikbeschreibungen und Tipps zu deren Erlernen finden Sie in den Kapiteln 7.1-7.4.

EISKUNSTLAUF BASICS

In diesem und den nachfolgenden Kapiteln werden die bei der DEU üblichen Abkürzungen verwendet:

L und R bezeichnen das Standbein:
> L = links, R = rechts, L+R bedeutet, das Element muss auf beiden Beinen gelaufen werden.

a und e geben die Kante an, auf der gelaufen wird:
> a = auswärts, also Lauf auf der Außenkante, e = einwärts, Lauf auf der Innenkante,

v und r geben die Richtung an, in welche gelaufen wird:
> v = Laufrichtung vorwärts, r = Laufrichtung rückwärts, v+r, dass beide Dreh- bzw. Laufrichtungen gelaufen werden müssen.

Dr = Dreierschritt
U = Umdrehung(en)

5.3.1 DER FREILÄUFER

Der Freiläufer soll die grundlegenden Bewegungsformen beherrschen.

Lauffähigkeiten:

1. Beidbeiniges Umkreisen > 360° von Pylonen („Hütchen"), d. h., „Kanadierbögen" in tiefer Kniebeuge, mindestens 360°, um vier versetzt aufgestellte Pylone, dabei ist auf tiefe Kniebeugen zu achten.

2. Vorwärts laufen, Schneepflug, rückwärts laufen, entlang einer geraden Linie über die ganze Breite der Bahn. Wichtig ist der Abstoß in guter Kniebeuge. Die Armhaltung ist freigestellt.

Schneepflug

DER LANGE WEG ZUM MEISTERLÄUFER

3. Hocke, beidbeinig, mindestens 5 s zu halten, wobei die Kniebeugung mindestens 90° betragen sollte.

Hocke

4. „Rollerfahren" auf dem Kreis mit Auslauf va, links und rechts.

   Es werden zwei Runden im Kreis gelaufen, dabei stößt jeweils der kreisäußere Fuß zur Seite ab. Auslauf va, also auf dem kreisinneren Bein als „Schneckenhaus", der Kreis wird deutlich kleiner und sollte möglichst geschlossen werden.

„Rollerfahren"

EISKUNSTLAUF BASICS

Sprungfähigkeiten:
1. Schwungsprünge auf dem Kreis va, links und rechts, auch als Pferdchen oder Pferdchensprung bekannt.

Pferdchen

Einlauf auf der Außenkante – Absprung mit Schwungbeineinsatz – Landung auf der untersten Zacke des Schwungbeinschlittschuhs und dann auf der Außenkante des Sprungbeins.

2. Sechs Drehsprünge 180°, vorwärts – rückwärts – vorwärts im Kreis, links und rechts. Absprung und Landung erfolgen beidbeinig, halbe Drehung im Sprung. Beide Sprungrichtungen im Wechsel.

Drehsprung

DER LANGE WEG ZUM MEISTERLÄUFER

Pirouetten:

Pirouette, beidbeinig links- und rechtsherum (drei Umdrehungen). Beidbeiniger spiralenförmiger Kanadierbogen als Einlauf in die Pirouette. Mindestens drei Umdrehungen.

Beidbeinige Pirouette

EISKUNSTLAUF BASICS

5.3.2 DER FIGURENLÄUFER

Der Figurenläufer soll bereits figurenähnliches Laufen, grundlegende Sprungformen und Vorübungen für das Erlernen der Pirouetten beherrschen.

Lauffähigkeiten:

1. Slalom auf einem Bein um sechs Pylonen (= Spiel- oder Verkehrshütchen, Abstand ca. 2 m), links und rechts. Der Slalom wird mit Schwung ohne Aufsetzen des zweiten Beins gelaufen.

2. Schwungbogen va, links und rechts,
3. Schwungbogen ve, links und rechts.
   Auf Halbkreisen jeweils über die ganze Längsseite der Bahn. Enge Spielbeinführung.

Schwungbogen Rva

DER LANGE WEG ZUM MEISTERLÄUFER

4. Chassée-Laufschritt vorwärts (2 x Chassée, 1 x Laufschritt).
5. Chassée-Laufschritt rückwärts (2 x Chassée, 1 x Laufschritt).
Jeweils zwei Runden links und rechts. Dann zwei Runden spiralförmiger Auslauf auf einem Bein va. Zur Technik vgl. Kap. 7.1.

6. Dreierschritt: Dreier ve-ra, umsteigen und Schritt va, Dreier ve-ra, links und rechts. Alles auf einem Kreis über zwei Runden. Zur Technik vgl. Kap. 7.1, Reihenbild Dreierschritt mit Bein hochspreizen.

Schwungbogen Lve

EISKUNSTLAUF BASICS

7. Hockeystopp beidbeinig, links und rechts, mit halber Runde Anlauf. Nach dem Bremsen zeigen die Fußspitzen ins Kreiszentrum.

Hockeystopp

DER LANGE WEG ZUM MEISTERLÄUFER

8. Flieger va und ra, links und rechts. 3 x Übersetzen, Flieger vorwärts, umdrehen, 3 x Übersetzen, Flieger rückwärts. Die Flieger müssen auf der Kante jeweils 8 s gehalten werden.

Flieger ra

EISKUNSTLAUF BASICS

Drehsprung   *Pirouette in Hockposition*

Sprungfähigkeiten:
Drei Drehsprünge 360° (= ganze Drehung) auf dem Kreis, links und rechts. Absprung und Landung erfolgen beidbeinig rückwärts.

Pirouetten:
Pirouette in Hockposition auf zwei Füßen (fünf Umdrehungen), Einlauf beliebig.

5.3.3 DER KUNSTLÄUFER
Der Kunstläufer soll in der Lage sein, einfache Bögen, Drehungen und Elemente auf einem Fuß zu laufen. Die Anforderungen der unteren Kürklassen müssen noch nicht erfüllt werden.

Lauffähigkeiten:
Die Bogen bei den Elementen 1-6 werden ohne Vorzeichnen gelaufen; entscheidend sind weder Zeichnung noch Deckung, sondern Schwung, Kantenlage und aufrechte Haltung.

1. Halbe Bögen ra aus einem Chasséeschritt links und rechts.
2. Ausfallschritt re aus je einem Übersetzschritt links und rechts.

DER LANGE WEG ZUM MEISTERLÄUFER

Ausfallschritt re

53

EISKUNSTLAUF BASICS

3. Englischer Dreier, eine Folge von zwei Dreiern: Dreier Lva auf Lre – umsteigen auf Rva, Dreier Rva auf Rre.

Englischer Dreier Die Läuferin bewegt sich auf den Betrachter zu.

DER LANGE WEG ZUM MEISTERLÄUFER

3

4

7

8

9

10

55

EISKUNSTLAUF BASICS

4. Schlangenbogendreier aus einem Chasséeschritt links und rechts, also Schlangenbogen Lvave und Dreier Lvera, umsteigen auf rechts und Schlangenbogen Rvave-Drvera, ...

Schlangenbogendreier

DER LANGE WEG ZUM MEISTERLÄUFER

4
5
6
7
8
9

EISKUNSTLAUF BASICS

5. Einmal Übersetzen rw, Mohawks re-ve-re im Wechsel links und rechts.

Mohawks re-ve-re

DER LANGE WEG ZUM MEISTERLÄUFER

3

4

7

8

EISKUNSTLAUF BASICS

6. Zirkel ra eine Umdrehung (360°), links und rechts. Ansatz aus dem Rückwärtsübersetzen im Kreis. Die Zirkelposition selbst muss nicht 360° gehalten werden.

Zirkel ra

DER LANGE WEG ZUM MEISTERLÄUFER

7. Bremsen einbeinig auf allen vier Kanten im Kreis. Das Bremsen erfolgt durch Querstellen des Laufbeins mit der Spitze zum Kreiszentrum.

Bremsen Außenkannte rechts

Bremsen Innenkannte rechts

Bremsen Innenkannte links

EISKUNSTLAUF BASICS

Sprungfähigkeiten:
Dreiersprung aus Schwungbögen va links und rechts.

Die Dreiersprünge erfolgen beidseitig im Wechsel: Schwungbogen va – Fußwechsel – Dreiersprung vara, 2 x umsteigen auf anderen Fuß, Schwungbogen va – Fußwechsel – Dreiersprung.

Pirouetten:
Wechselstandpirouette re – ra links und rechts. Es werden vier Wechsel und zwei Umdrehungen pro Fuß ausgeführt. Zur Technik s. Kap. 7.2.3.

Kürimprovisation:
Eine Minute, loses Aneinanderreihen einfacher Kürelemente zu selbst gewählter Musik. Eistanzmusik ist gut geeignet. Inhaltliche Grundlage sind die vorn für den Kunstläufer geforderten Übungen.

Dreiersprung

1

2

DER LANGE WEG ZUM MEISTERLÄUFER

3

4

5

6

EISKUNSTLAUF BASICS

5.4 DIE KÜRKLASSEN BEIM EINZELLAUFEN

Im Einzellauf gibt es acht Kürklassen, die jeweils mit einer Prüfung abzuschließen sind. Die Prüfungen sind in den Deutschen Eiskunstlauf-Bestimmungen veröffentlicht. Sie reichen von Klasse 8 (die einfachste) bis hin zur Klasse 1 (die schwierigste). Der Nachweis bestandener Klassenlaufprüfungen ist Voraussetzung für die Teilnahme an nationalen Meisterschaften und Wettbewerben.

Jede Kürklasse beinhaltet Übungen zur Laufschulung, Sprünge bzw. Sprungsequenzen und Sprungkombinationen sowie Pirouetten bzw. Pirouettenkombinationen. Damit soll die Vielfältigkeit der Bewegungsformen im Eiskunstlaufen erfasst werden, bei möglichst umfassender Schulung aller Fertigkeiten. Die Elemente sind in der vorgegebenen Reihenfolge zu lau-

Tab. 1: Eiskunstlaufen (Einzellaufen) Kürklassen

Inhalte	#	Klasse 8	Klasse 7	Klasse 6
Übungen zur Laufschulung	1	Laufschritte/ Übersetzen vorwärts links und rechts	Dreierwalzerschritt (Kunstlaufdreier) in Achterform	Dreierschritt ve (Spielbeinschwung) li u. re 3/4-Takt
	2	Übersetzen rückwärts links und rechts mit jeweils 1/4 Kreis Auslauf	Rittbergerschritt in Achterform	Ausfallschritt re Doppeldreier re links und rechts 4/4-Takt
	3	Mohawkschritte ve in Achterform	Dreier va mit Schlangenbogen rückw. li. u. re. 3/4-Takt	Mohawkschritte va in Achterform
Sprünge Sequenzen	4	Salchow	Rittberger	Spreizsprung
	5	Flip	Lutz	Axel
Kombinationen	6	Dreiersprung-Toeloop	Flip-Euler-Salchow	Rittberger-Rittberger
Pirouetten	7	Standfußpirouette re (6 U)	Standfußpirouette ra (5 U)	Waage-sitzpirouette re (5/5 U)
Kombinationen	8	Sitzpirouette re (5 U)	Waagepirouette re (5 U)	Wechsel Sitzpirouette re-ra (5/5 U)

*1 Die Sitzposition muss in der Luft eingenommen werden. Mindestens sechs Umdrehungen sind in der
*2 FW – Fußwechsel, PW – Positionswechsel

DER LANGE WEG ZUM MEISTERLÄUFER

fen. Für jedes Element stehen dem Läufer zwei Versuche zu, der bessere wird bewertet. Für den Doppelaxel hat der Läufer drei Versuche, ebenso für den Dreifachsprung.

Eine Prüfung ist innerhalb eines Tages vor dem gleichen Prüfgericht im jeweiligen Landeseislauf-Verband (LEV) abzulegen. Eine nicht bestandene Prüfung kann frühestens vier Wochen später wiederholt werden. Für bestandene Klassenlaufprüfungen werden Urkunden und Abzeichen vergeben, die das DEU-Emblem oder -Zeichen tragen. Die abgelegte Prüfung wird im Sportpass des Läufers als „bestanden" eingetragen.

sse 5	Klasse 4	Klasse 3	Klasse 2	Klasse 1
peldreier va s und rechts -Takt ctawschritte s und rechts -Takt	Kreisschrittfolge mit Achterform 4/4- Takt Wende va und ve links und rechts 4/4-Takt	Gegendreierschrittfolge links und rechts 4/4-Takt Crossroll-Dreier-Twizzle-Schritt (twizzle-ähnl.) li. u. re 3/4-Takt	Schrittkür mit Längs-, Kreis-Serpentinenschritten Dauer: 1:20 min +/- 10 s	Schrittkür aus „Moves in the Field" mmit Spitzenschritten und Ballettspr. Dauer: 1:30 min +/- 10 s
alenschrittfolge KP	Gegenwendenschritt einwärts links und rechts 3/4-Takt	Längsschrittfolge wie KP	Musik beliebig	Musik beliebig
pelsalchow ey-Jeté- acher	Doppelrittberger Spreizsprung-Doppeltoeloop	Doppelflip Schritt mit Doppelrittberger	Doppellutz Schrittfolge mit Doppelflip	Doppelaxel Sequenz aus Doppellutz-Doppelrittberger-Doppeltoeloop
-Rittberger- chensprung wärts)-Axel	Walley-Walley einwärts-Doppelsalchow	Doppeltoeloop-Doppeltoeloop	Axel-Rittberger Doppelrittberger	Dreifachsprung
esprungene gepirouette U)	Mädchen: Himmelspir. Jungen: Sitz-Stand-pirouette mit Spielbeinpose (U6)	Eingesprungene Sitzpirouette re (6 U) *1	Eingesprungene Sitzpirouette ra (6 U) *1	Butterfly mit Pirouette Pirouette oder Sputnik (8 U)
gepirouette re-pirouette ra U)	Wechsel-waagepirouette re-ra (5/5 U)	Eingesprungene Waagepirouette Sitzpirouette ra (5/5 U)	Kombinations-pirouette wie KP (6/6 U)	Eingesprungene Pirouettenkombi mit 1 FW u. min. 2 PW (6/6 U) *2

deposition (Sitz) auszuführen. Drehungen in der abschließenden Standposition werden nicht gezählt.

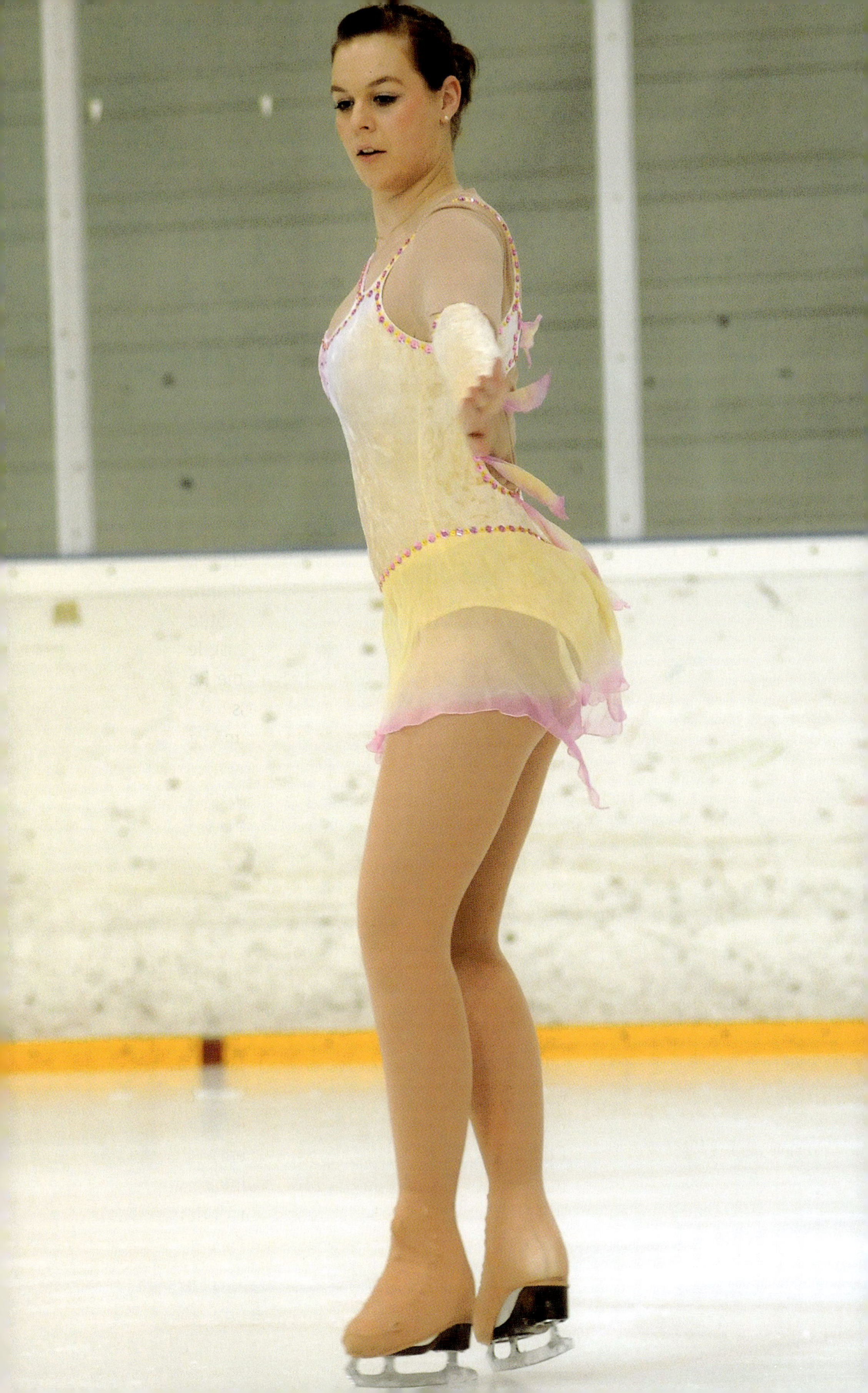

6 GRUNDLEGENDE LAUFTECHNIKEN

6.1 VORWÄRTSLAUFEN

Voraussetzung für guten Eislauf ist ein sicherer Stand und eine zweckmäßige, ästhetisch ansprechende Körperhaltung. Dabei ist das Standbein immer leicht gebeugt. Unterschenkel und Knie sind dadurch nach vorn geschoben, die Oberschenkelmuskulatur angespannt, sie trägt den Körper. Dieser sollte ruhig und möglichst immer auf gleichem Niveau bleiben. Das freie Bein wird kontrolliert gehalten, beim Vorwärtslauf hinter dem Standbein, beim Rückwärtslauf vorn. Der Rumpf steht aufrecht, bei guter Mittelkörperspannung, und ist, dem Lauftempo entsprechend, mehr oder weniger stark vorgeneigt. Wichtig ist die Haltung des Kopfes, er hat sogenannte *Stellfunktion*. Nimmt man ihn nach vorne, wird der Rücken rund, nimmt man ihn hoch, richtet sich der Körper auf, die Haltung wird elegant und ansprechend! Der Blick sollte immer ein Stück in Laufrichtung voraus und, damit der Kopf hoch, die Haltung aufrecht ist, leicht nach oben gerichtet sein. Es hilft die Vorstellung, zu seinen Fans in die Ränge zu schauen. Kleine Kinder blicken über die Bande. Keine Angst, dass ein Hindernis übersehen werden könnte. Auch mit erhobenem Kopf sieht man peripher alles, was sich vorne oder seitlich abspielt. Die Arme zur besseren Erhaltung des Gleichgewichts etwas unter Schulterhöhe so zur Seite halten, dass die gespannten Arme und Hände, trotz Blick geradeaus, noch gesehen werden können. Die Schultern tief drücken und leicht nach hinten ziehen.

6.1.1 LAUFSCHRITT VORWÄRTS

Dieser grundlegende Schritt schließt an das „Nikolaustapfen" an. Nun müssen aber Abstoß, besseres Gleiten, gute Körperhaltung und Bewegungsgefühl erlernt bzw. verbessert werden.

Technik: Aus der „V-Stellung" ein Bein aktiv nach vorn schieben, das andere von der Innenkante (nicht Zacke!) abstoßen und leicht ausgedreht schräg nach hinten halten. Gleiten auf der ganzen Kufe bei leicht gebeugtem Standbein, Heranholen des Spielbeins an die Standbeinferse, in Standbeinmitte aufsetzen, das Körpergewicht darauf verlagern, ebenso mit dem anderen Bein. Standbeinknie immer gebeugt, der Körper bleibt auf gleichem Niveau.

EISKUNSTLAUF BASICS

Laufschritt vorwärts

6.1.2 ÜBERSETZEN VORWÄRTS

Das Übersetzen vorwärts wird auf einem Kreisbogen gelaufen. Dabei erfühlt man erstmals wirklich den Halt, den die Kante gibt. Hügin (2004) beschreibt eine einfache und risikolose Kantentechnik, ohne Neigung des Oberkörpers in den Kreis. Die Kanten entstehen hier durch das leichte Abwinkeln der Hüfte in den Kreis.

Kantentechnik mit leichtem Abwinkeln der Hüfte in den Kreis

Die Technikänderung ähnelt der beim Skilaufen: Früher hatte man starke Verwindung des Oberkörpers Richtung Tal und blockierte sich dabei selbst. Heute dagegen gilt eine natürliche Stellung auf dem Ski. Ebenso beim Eislaufen: früher auch hier star-

GRUNDLEGENDE LAUFTECHNIKEN

ke Verwindung, die Arme zeigten den Kreis, den man lief. Der Körper war als Ganzes in den Kreis geneigt, dies erzeugte die Kanten. Bei der heutigen Technik dagegen haben nur Beine und Unterkörper Kreisneigung. Die Hüften sind in den Kreis abgewinkelt, der Oberkörper steht senkrecht, Hüft- und Schulterachse befinden sich parallel zur Eisfläche. So entstehen nun die Kanten. Diese Körperhaltung gilt immer, wenn auf der Kante gelaufen wird. Da Eiskunstlauf = Bogenlauf = Kantenlauf, ist diese Körperhaltung die Normalhaltung bei allen Elementen, die in diesem und den folgenden Kapiteln behandelt werden.

Beim Übersetzen vorwärts setzt das kreisäußere Bein vor dem inneren Rve[1] auf, das Innenbein neben dem äußeren Lva. Entsprechend erfolgt auch der Abdruck von der Innen- bzw. Außenkante, vom Außenbein tangential zum Kreis (Rve), vom Innenbein radial nach außen (Lva). Jeder Schritt verlagert das Körpergewicht auf das neue Standbein und schiebt es energisch nach vorn zu vorwärts strebenden Schritten, Standbein leicht im Knie, Körper auf möglichst immer gleichem Niveau.

Übersetzen vorwärts

---

1 R=rechts, L=links, v=vorwärts, r=rückwärts, e=einwärts, a=auswärts

EISKUNSTLAUF BASICS

Das Übersetzen vorwärts kann auf verschiedene Weise erlernt werden, z. B. mit Helferunterstützung durch Griff an *Handgelenk* und Oberarm (vgl. Kap. 4.1). So wird die Bewegung geführt, ein Sturz kann verhindert bzw. gemildert werden. Wird die Situation für den Helfer gefährlich, kann er jederzeit loslassen. Bei Handfassung dagegen könnte sich der Übende festklammern und den Helfer mitreißen!

Auf kleinem Kreis um den Partner wird durch „Rollerfahren" zunächst der Bogen va geübt: Abstoß vom rechten Bein, links va im Knie stehen, Hüfte zum Partner hin abwinkeln, gleiten. Ist dies gekonnt, kreuzt man mit dem rechten Spielbein über das linke Standbein und überträgt das Gewicht darauf. Der Abstoß vom linken Bein erfolgt zur Seite, das rechte Bein steht nun ve tief im Knie. Ebenso mit dem anderen Bein. Von Anfang an sollte dabei immer in beide Richtungen geübt werden.

Dann das Übersetzen als Ganzes. Unterstützt wird, wie abgebildet, so bekommt der Lernende das Gefühl für das Abwinkeln der Hüften in den Kreis. Der Übende setzt sich durch Laufschritte in Bewegung, und beginnt dann, vorwärts zu übersetzen, die Arme wie beim Flieger zur Seite gehalten, wobei anfangs der innere Arm etwas angehoben wird. So richtet sich der Körper auf, die Beine haben Kreisneigung, die Hüften sind leicht gewinkelt und es entsteht eine gute Kantenlage.

Gute Technik wird erreicht, indem der Abdruck von den Kanten verbessert und rhythmischer Lauf eingeübt wird. Für Letzteres werden die Schritte zeitlich gleich

Helfen beim Vorwärtsübersetzen

GRUNDLEGENDE LAUFTECHNIKEN

lang gelaufen, jeder Schritt wird drei Zeiten gehalten. Zur Verbesserung des Abdrucks von der Außenkante hilft es, die „Libelle", auch „Schwalbe" genannt, zu üben.

Wie bei dieser gleitet das Bein beim Vorwärtsübersetzen zum Abdruck nach außen, sucht nun aber den Kantengriff und drückt sich ab. Beim Zurückholen des Fußes muss dieser bewusst einwärts gedreht werden.

„Libelle" oder „Schwalbe" in Grobform

Spielerische Übungsformen festigen das Können, z. B.

- Achterlauf um die Bullykreise an der Schmalseite des Eishockeyfeldes: Am Schnittpunkt der Kreise läuft man anfangs beid-, später einbeinig.
- Übersetzen vorwärts in Schlangenlinien über die Eisbahn, jeweils nach mehreren Schritten wird die Seite gewechselt. Ein Fortgeschrittener/der Trainer führt wie der „Rattenfänger von Hameln" an!
- Mit Abstützen auf einer Pylone, die man auf dem Eis im Kreis vorwärts schiebt, wird die tiefe Kniebeugung auf gleichem Niveau sowie die Kantenlage eingeübt.

EISKUNSTLAUF BASICS

Übersetzen vorwärts mit Pylone

GRUNDLEGENDE LAUFTECHNIKEN

6.2 RÜCKWÄRTSLAUFEN

6.2.1 SCHLITTSCHUHSCHRITT RÜCKWÄRTS

Rückwärts laufen ist ungewohnt und ja auch im normalen Leben nicht üblich. Um sich an das *Gleiten* in der neuen Bewegungsrichtung zu gewöhnen, kann die Bande helfen:

Erstes Rückwärtsgleiten aus dem Abstoß von der Bande

Stand frontal davor, Hände darauf gelegt, die Beine hüftbreit geöffnet, Knie gebeugt. Nun streckt man die Arme und drückt sich so von der Bande ab. Man gleitet ein kleines Stück rückwärts! Explosiveres Strecken der Arme führt zu längerem Gleiten. Wichtig ist, wirklich *nur die Arme* strecken, die übrige Körperhaltung unverändert beibehalten. Auch den Blick über die Bande sollte man beibehalten, so bleibt man gut mittig im Gleichgewicht stehen.

Spaß macht das „Partnerschieben" zum Einüben des richtigen Standes. Dabei sollte der Partner an den Handgelenken gefasst werden: falls er stürzt, kann man ihn halten. Er kann sich aber nicht festklammern, wodurch beide das Gleichgewicht verlieren würden.

Den Partner schieben

EISKUNSTLAUF BASICS

Auch rückwärts hilft das „Osterei", die Gleitgeschwindigkeit beizubehalten oder sogar zu erhöhen. Also, Abdruck von der Bande, ein kleines Stück rückwärts gleiten, „Osterei".

Problematisch ist, dass der Anfänger noch nicht rückwärts laufen und gleichzeitig auf seinen Weg achten kann. Deshalb kann auch das „Osterei" paarweise mit vorwärts laufendem Partner geübt werden. Es ist darauf zu achten, dass der Übende immer auf seinen eigenen Füßen steht und sich nur im Notfall auf den Partner stützt! Deshalb: Oberkörper gerade halten, sonst verlagert sich das Gewicht nach vorne, man kommt auf die Zacke, das bremst natürlich das Gleiten.

Foto 104: Paarweises „Osterei" rückwärts

GRUNDLEGENDE LAUFTECHNIKEN

Nun ist der *Schlittschuhschritt rückwärts* das nächste Ziel.

Technik: Beginn aus umgekehrter V-Stellung, d. h. Fersen geöffnet. Das vordere Bein drückt sich vom Eis ab und das Gewicht wird auf das andere, gut gebeugte Bein übertragen. Während der Gleitphase wird das Spielbein nur wenig vom Eis abgehoben und, elegant ausgedreht und bis in die Fußspitze gespannt, *vor* dem Standbein gehalten. Dann wiederholt sich das Gleiche mit dem anderen Bein.

Vermitteln kann man den Schlittschuhschritt rückwärts ähnlich wie den Vorwärtslauf:
- Stapfen am Ort aus umgekehrter V-Stellung. Die Gewichtsverlagerung auf das neue Standbein wird erleichtert, wenn man sich jeweils mit den Händen darauf abstützt.
Ein häufiger Anfängerfehler ist eine weite Beinstellung. Wenn so von einem Fuß auf den anderen gestapft wird, befindet sich der Schwerpunkt immer *zwischen* beiden Beinen, niemals über der Unterstützungsfläche!
- Üben in Handfassung mit einem Partner, der vorwärts läuft und auf den Weg achtet. Die Vorstellung, mit den Füßen einen Tannenbaum zu malen, dessen Äste immer länger werden, verbessert das Gleiten.
- Schlittschuhschritt rückwärts allein.

6.2.2 ÜBERSETZEN RÜCKWÄRTS

Durch das Übersetzen rückwärts wird beim Eiskunstlauf Tempo gemacht, so dient es z. B. meist als Anlauf zu einem Sprung. Die Nachsilbe *-wärts* bezeichnet in der Sportsprache die Bewegungs*richtung*! Beim Übersetzen rückwärts ist die Technik daher fast identisch mit der des Übersetzens vorwärts, nur die Bewegungs*richtung* ist entgegengesetzt.

Technik: Die Körperfront ist zur Kreismitte gerichtet, der Blick geht nach hinten, dadurch dreht der Körper mit und der hintere Arm zeigt in Laufrichtung. Das kreisinnere Bein hat Außenkante, das kreisäußere Innenkante. Wie beim Übersetzen vorwärts setzt das Außenbein vorn, das innere Bein neben diesem auf, jetzt aber weit in Kreismitte, auf der Kufe oder sogar der Innenkante. Der Fuß gleitet dann „radial" nach außen, wechselt auf die Außenkante und sucht den Abdruck. Auch hier entspricht die Kreisneigung dem Lauftempo.

EISKUNSTLAUF BASICS

Auch hier ist es einfacher, die ersten Schritte mit Partnerhilfe zu machen. Da fühlt man sich sicherer und es erhöht obendrein den Spaß am Üben:

- Man steht sich seitlich versetzt gegenüber. Der Helfer fasst mit einer Hand das Handgelenk des Übenden, mit der anderen dessen Oberarm von vorn. Der Übende bewegt sich, wie eben beschrieben, und kann sich dabei vertrauensvoll schräg zum Partner legen.

GRUNDLEGENDE LAUFTECHNIKEN

Übersetzen rückwärts. Die Läuferin bewegt sich im Kreisbogen (wie beim Schreiben eines C0), bei Bild 1 von rechts nach links, Bild 2-6 auf den Betrachter zu, dann von links nach rechts.

- Gelingt dies, kann mit gefassten Händen geübt werden, dann mit dem Fassen nur der vorderen Hand, d. h., man lässt die in Laufrichtung zeigende Hand los, der Übende zieht den Helfer hinter sich her.

Immer setzt sich der Übende stapfend in Bewegung und geht erst dann ins Übersetzen rückwärts über. Steigt das Können, wird auch der Blick über die Innenschulter nach hinten gerichtet.

EISKUNSTLAUF BASICS

6.3 RICHTUNGSWECHSEL

An dieser Stelle sollen nur die einfachsten Richtungswechsel von vorwärts auf rückwärts und umgekehrt angesprochen werden. Weitere Möglichkeiten, vor allem die technisch perfekte Ausführung, werden später behandelt (Kap. 7.1, Schritte und Drehungen).

Technische Basis jeglichen Drehens ist immer die aufrechte Haltung bei gutem Körperzusammenschluss, d. h. alle Gelenke (vor allem Hüftgelenk und Wirbelsäule) sollten „in Bindung" fixiert sein, man darf während des Drehens keinesfalls vor, zurück oder seitlich schwanken.

6.3.1 DREHEN VON VORWÄRTS AUF RÜCKWÄRTS

Der Anfänger kann probieren, sich auf dem Eis beliebig zu drehen, z. B. beidbeinig.

Beidbeiniges Drehen vom Lauf vorwärts auf rückwärts

Weitere Möglichkeiten des Drehens von vorwärts auf rückwärts siehe Kap. 7.1.

GRUNDLEGENDE LAUFTECHNIKEN

6.3.2 DREHEN VON RÜCKWÄRTS AUF VORWÄRTS

Für den Anfänger am einfachsten ist der Mohawk re-ve, ein „Drehen über innen" ohne Kantenwechsel von Innenkante auf Innenkante (vgl. Kap. 7.1.1.2).

Technik: Aus dem Übersetzen rückwärts gegen den Uhrzeigersinn kommend, auf der Innenkante des kreisäußeren linken Beins gleiten. Der Kopf dreht in die neue Fahrtrichtung. Dies überträgt sich auf Schulter, Hüfte und freies Bein, dessen Fußspitze nun ebenfalls in die neue Bewegungsrichtung schaut. Umsteigen auf Rve und Übergehen in den Lauf vorwärts.

Mohawk re-ve

Schwieriger ist das „Drehen über außen", von Außenkante auf Außenkante: Rra auf Lva, ebenfalls ein Mohawk, oder von Außenkante auf Innenkante, also Kantenwechsel, das ist ein Choctaw (vgl. Kap. 7.1.1.3).

Technik: Im Prinzip wie eben beschrieben. Man gleitet jetzt aber längere Zeit Rra, dreht wieder als Erstes den Kopf und steigt, wenn Schulter mit Armen, Hüfte und freies Bein dieser Bewegung „automatisch" gefolgt sind, auf Lva (Mohawk) oder Lve (Choctaw) um.

EISKUNSTLAUF BASICS

1

2

3

4

Drehen vom Rückwärts- in den Vorwärtslauf „über außen", Choctaw RraLve

GRUNDLEGENDE LAUFTECHNIKEN

6.4 BREMSEN

Bremsen kann man auf allen vier Kanten, bei beidbeinigem oder einbeinigem Stand, also sowohl links als auch rechts auf der Innen- wie auch der Außenkante.

6.4.1 BREMSEN MIT EINEM BEIN BEI BEIDBEINIGEM STAND

Hierbei fährt ein Fuß geradeaus, der andere wird zum Bremsen quer gestellt und schabt übers Eis. Das Hauptgewicht lastet auf dem geradeaus fahrenden, gebeugten Bein.

Das Bremsen auf der Innenkante vor dem Standbein wurde bereits in Kap. 4.7 behandelt, das Bremsen *hinter* dem Standbein entspricht dem T-Stopp beim Inlineskaten. Wegen der geringen Reibung hat es beim Eislaufen wenig Bremseffekt.

Auf der Außenkante kann man vor, seitlich neben und hinter dem Standbein bremsen. Um gut auf die Kante zu kommen, aufrecht „zurücklehnen".

Technik: Aus einbeinigem Gleiten holt man das freie Bein langsam zum Standbein heran bzw. am Standbein vorbei und setzt den ausgedrehten Fuß im rech-

T-Stopp

EISKUNSTLAUF BASICS

Bremsen auf der Außenkante vor dem Standbein

Bremsen auf der Außenkante hinter dem Standbein

ten Winkel (T-Position vor, seitlich neben oder hinter dem Standbein) vorsichtig aufs Eis. Das Standbein beugt sich stark, der Körper lehnt sich zurück, die Arme haben Gegenhaltung.

GRUNDLEGENDE LAUFTECHNIKEN

6.4.2 EINBEINIGES BREMSEN

Schwieriger ist das Bremsen auf einem Bein bei einbeinigem Stand. Aus dem Vorwärtslauf kann es ebenfalls auf beiden Kanten zu beiden Seiten erfolgen.

Man kann diese Bremsarten aus dem beidbeinigen Bremsen oder Hockeystopp erlernen, indem man sein Gewicht immer mehr auf das bremsende Bein verlagert, bis man das andere schließlich vom Eis abheben, also einbeinig bremsen kann.

Beim Bremsen auf der Innenkante wird der bremsende Fuß einwärts gedreht, Ferse also außen. Die Körperfront schaut weiter in Fahrtrichtung. Das freie Bein wird gebeugt angehoben wie zum Storch. Die Arme haben Gegenhaltung.

Das *Bremsen auf der Außenkante* ist aus der seitlichen T-Position am leichtesten zu erlernen. Es bedarf eifrigen Übens und eines guten Gefühls für die Kante, bis diese Art des Bremsens auch einbeinig gelingt.

Einbeiniges Bremsen auf der Außenkante

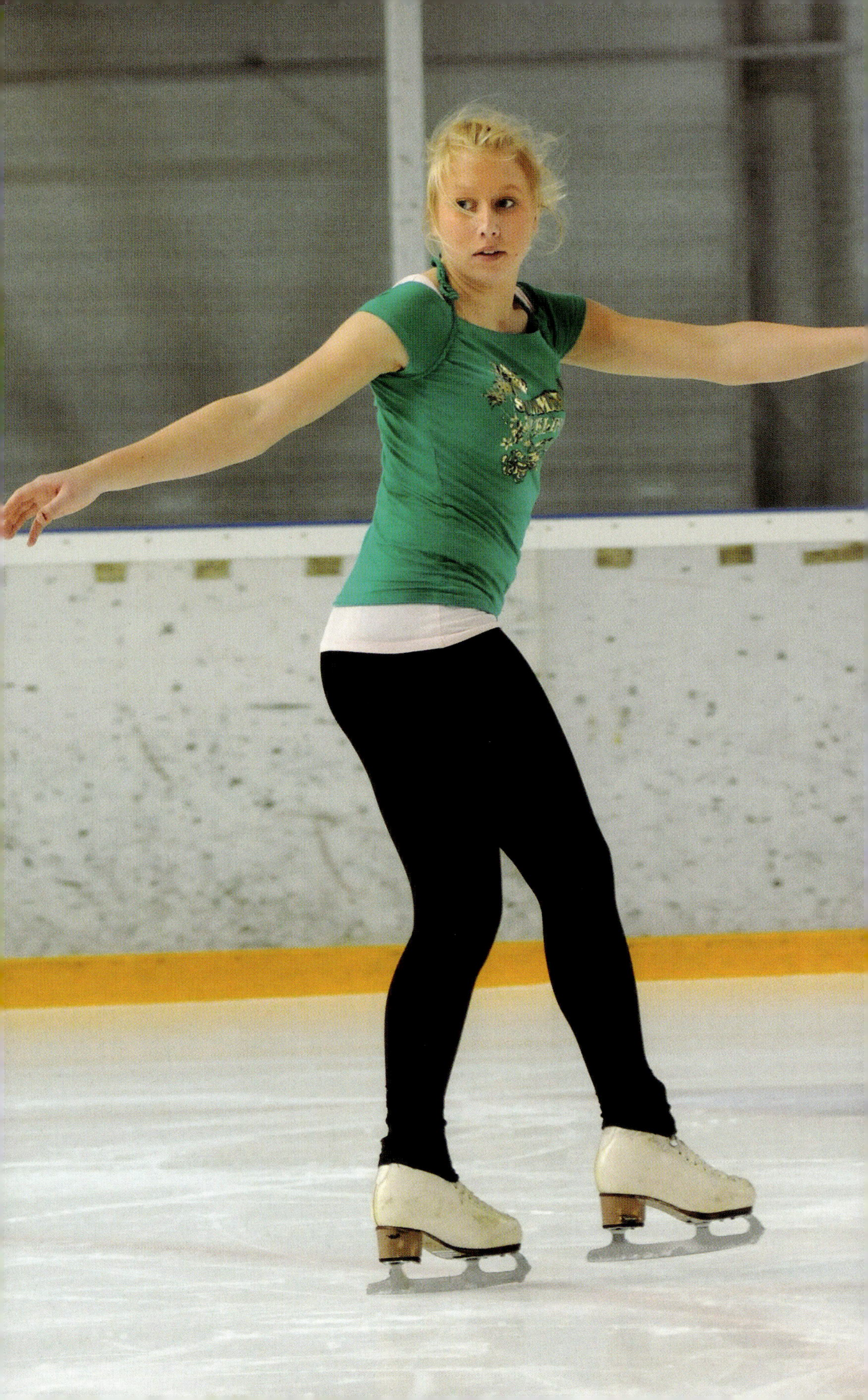

INHALTE EINES EISKUNSTLAUFPROGRAMMS

7   INHALTE EINES EISKUNSTLAUFPROGRAMMS

Ein Eiskunstlaufprogramm, also eine Kür oder ein Kurzprogramm, enthält verschiedene Schrittfolgen, Pirouetten, Sprünge sowie verbindende Elemente.

7.1   SCHRITTE UND DREHUNGEN

Schritte und Drehungen lassen sich beschreiben durch eine oder mehrere der Komponenten Richtungswechsel, Kantenwechsel, Fußwechsel und Kreiswechsel. Bei allen Schritten und Drehungen gibt es immer zahlreiche Variationen der Spielbein- und Armhaltung.

Schritte erfolgen, wie auf dem Trockenen, durch Gewichtsverlagerung von einem auf das andere Bein. Man unterscheidet

- Progressive Steps, z. B.: Laufschritt, Chassée, Kreuzchassée, Cross-Roll,
- Toe Steps, das sind die verschiedensten Spitzenschritte,
- Running Steps, ein Laufen oder Joggen übers Eis, Technik wie an Land,
- Mohawk,
- Choctaw,
- Schwungbogen und
- Schlangenbogen.

Im Gegensatz zu den Schritten werden alle Drehungen auf *einem* Bein ausgeführt. Man unterscheidet

- Dreier: Dreierschritt (immer vorwärts, von vorwärts auswärts auf rückwärts einwärts) und Dreier von rückwärts auswärts auf vorwärts einwärts, Doppeldreier, Gegendreier, Einwärtsdreier vorwärts und rückwärts,
- Wenden einwärts und auswärts, beides vorwärts und rückwärts,
- Gegenwenden, wie Wenden, aber andere Drehrichtung,
- Twizzles und
- Schlingen.

EISKUNSTLAUF BASICS

Eine Aneinanderreihung verschiedener Schritte, Drehungen und eventuell auch kleiner Sprünge nennt man *Schrittfolge*. Diese ist in jedem Kür- bzw. Kurzprogramm gefordert. Es muss immer die ganze Eisfläche ausgenutzt werden. Man unterscheidet

Längsschrittfolgen: Der Läufer zeigt hier Schritte geradeaus, entweder parallel zur Bande oder diagonal durch die Halle, von einer Ecke der Eisbahn zur anderen.

Kreisschrittfolgen: Die Schritte werden über die ganze Breite der Eisfläche auf einem Kreis oder Oval gelaufen.

Serpentinenschrittfolgen: Sie werden an einer Schmalseite der Eisfläche begonnen und schlängeln sich in mindestens zwei großen Bögen zur anderen Seite der Halle.

Spiralenschrittfolgen sind eine Aneinanderreihung von Spiralen verschiedenster Ausführung.

„Moves in the Field", deutsch „Bewegungen auf dem Eis", bestehen aus Kürelementen, die vor allem gutes Eislaufen ausdrücken sollen, und enthalten neben Schritten und Drehungen auch Spiralen, Arabesken, Monde sowie kleine Sprünge.

Spiralschrittfolgen bestehen aus Spiralschritten, kombiniert mit anderen Kürelementen, wie Drehungen, Arabesquen u. a. (zu „Spiralen" s. Kap. 7.4, „Verbindende Elemente").

In diesem „Basics-", also Grundlagenbuch, sollen nur die einfacheren Schritte und Drehungen behandelt werden.

Im Folgenden werden wieder die für die Beschreibung von Bewegungen im Eiskunstlaufen gängigen Abkürzungen gebraucht:
R = rechts, L = links,
v = vorwärts, r = rückwärts,
e = einwärts, a = auswärts.

INHALTE EINES EISKUNSTLAUFPROGRAMMS

7.1.1 SCHRITTE

7.1.1.1 Chassée

Das Chassée ist ein Tanzschritt, der auf 4/4-Takt gelaufen wird und sich über einen ganzen Takt erstreckt. Es besteht aus drei Schritten, die alle auf dem gleichen Kreisbogen vorwärts oder rückwärts gelaufen werden. Der Rhythmus ist: Viertel-, Viertel-, halbe Note. Schritt (3) wird also doppelt so lang gehalten wie die ersten beiden Schritte. Die Füße befinden sich in paralleler Stellung und setzen La, Re, La auf, bzw. die gleiche Schrittfolge rechts beginnend.

Eine technische Variation ist das *Kreuz-Chassée*. Hier wird bei Schritt (2) der Fuß gekreuzt hinter dem Standbein aufgesetzt.

Kreuz-Chassée

EISKUNSTLAUF BASICS

Fußaufsatz beim offenen Mohawk Rve

7.1.1.2 Mohawk

Der Mohawk ist ein Schritt, bei dem die Laufrichtung durch Wechsel des Fußes geändert wird, die Kante aber beibehalten bleibt. Man dreht also von ve auf re, oder von va auf ra bzw. beim Rückwärtslauf auf die gleiche Kante vorwärts. Die Krümmung der auf beiden Beinen gelaufenen Bögen ist gleich gerichtet und sollte gleich groß sein. Nach der Hüftstellung zu Ende des Schritts unterscheidet man offene und geschlossene Mohawks.

Offener Mohawk Rve: Rechter Arm vorn, linker zurückgehalten. Schritt Rve, Spielbein nach hinten gestreckt und stark ausgedreht. Die linke Ferse an die *Innen*seite der Standbeinferse bringen, die Füße bilden ein „L". Mit Hüftdrehung links den linken Fuß re aufsetzen. Die Schulterhaltung bleibt dabei fixiert, Blick in Laufrichtung! Das nun freie rechte Bein wird bei offener Hüfte kurzzeitig zurückgespannt und dann parallel neben dem Standbein ra aufgesetzt. Man macht also drei Schritte, die auf Musik genauso rhythmisiert werden wie das Chassée.

INHALTE EINES EISKUNSTLAUFPROGRAMMS

Beim **geschlossenen Mohawk** vorwärts wird der freie Fuß *hinter* der Ferse des Standbeins aufgesetzt, die Füße bilden ein „T". Das Standbein befindet sich nach dem Belastungswechsel vor dem neuen Standbein, die Hüfte ist geschlossen.

Beim Erlernen des Mohawks hilft die Bande, bei kleineren Kindern der Trainer oder ein Partner. Bei leichter Körperschräglage frontal zu diesem stehend, hält man sich daran fest. So übt man die eben beschriebene Technik. Wichtig dabei: gute Mittelkörperspannung und aufrechte Haltung. Keinesfalls auf die Füße schauen!

Ist die Grobform gekonnt, empfiehlt es sich, auch den Mohawk auf Musik einzuüben. Ebenso wie bei Chassée und Laufschritt erleichtert Rhythmisierung die Ausführung, macht mehr Spaß und bereitet auch gleich auf den Kürlauf vor.

EISKUNSTLAUF BASICS

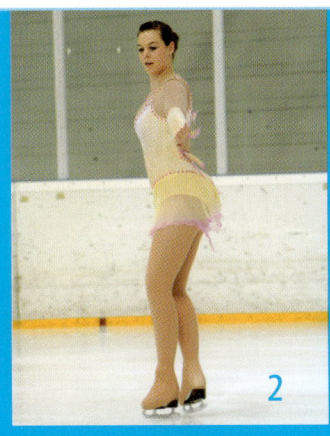

Geschlossener Choctaw Lve-Rra, die Läuferin bewegt sich auf den Betrachter zu!

7.1.1.3 Choctaw

Auch der Choctaw ist ein Schritt, bei dem mit einem Fußwechsel gleichzeitig die Laufrichtung geändert wird, von vorwärts auf rückwärts oder umgekehrt. Nun wird dabei aber auch die Kante gewechselt, von der Außenkante dreht man auf die Innenkante und umgekehrt. Dadurch werden zwei verschieden gerichtete Bögen gelaufen, die ein „S" mit gleich großen Teilen ergeben. Wieder unterscheidet man nach Art der Hüftstellung einen offenen und einen geschlossenen Choctaw.

Beim **offenen Choctaw** vorwärts wird der freie Fuß an der Innenseite des Standbeins, vorn neben dem großen Zeh, aufgesetzt. Läuft man z. B. Lve ein, Spielfuß vorn, so wird auf Rra gewechselt. Das freie Bein befindet sich am Ende abgespreizt oder angelegt hinter dem Standbein, die Hüfte ist offen.

INHALTE EINES EISKUNSTLAUFPROGRAMMS

Geschlossener Choctaw Rra-Lve, die Läuferin bewegt sich auf den Betrachter zu!

Beim **geschlossenen Choctaw** vorwärts dagegen wird der freie Fuß hinter der Standbeinferse zum „T" aufgesetzt. Nach der Gewichtsverlagerung befindet sich das freie Bein gestreckt vor dem neuen Standbein, die Hüfte ist geschlossen.

Beim Erlernen des Choctaws helfen wieder Bande oder Trainer bzw. Partner. Beim schwierigen Schritt auf rückwärts auswärts muss man sich weit zurücklegen, gewissermaßen „an eine Wand anlehnen". Die Hüfte ist dabei gestreckt, die Körperspannung darf nicht aufgegeben werden.

EISKUNSTLAUF BASICS

7.1.1.4 Cross-Roll

Der Cross-Roll ist ein Schritt, bei dem vorwärts bzw. rückwärts kleine Bögen auf der Außenkante gelaufen werden.

Vorwärts kreuzt z. B. das rechte Bein, einwärts gedreht, vor dem linken Standbein und setzt auf der Außenkante auf. Der Vorderfuß setzt zuerst auf, dann wird zur Ferse hin abgerollt. Das linke Bein drückt sich von der Außenkante ab und schiebt das Gewicht vorwärts auf das neue, gut gebeugte Standbein. Das freie Bein wird kurz rückgespannt gehalten, dann vorgeholt und zum nächsten Cross-Roll aufgesetzt.

Ebenso geht es rückwärts: Der freie Fuß setzt nun hinter dem Standbein auf. Das Spielbein ist knapp über dem Eis vorn angehoben. Wichtig ist, dass die Schulterachse immer rechtwinklig zur Laufrichtung bleibt, womit eine Gegenhaltung erzeugt wird.

INHALTE EINES EISKUNSTLAUFPROGRAMMS

Beim Erlernen des Cross-Rolls vorwärts hilft die Vorstellung, sich" die Füße abzuschneiden": x-beinig stehen, die Spitzen der Füße zueinander. Mit kleinen Schritten vorwärts stapfen, Gewicht weit vorne, sodass man auf die Außenkanten kommt. Schließlich versuchen, nach dem Fußaufsatz das Bein aktiv gleitend vorwärts zu schieben, dicht am Standbein vorbei dessen Fußspitze „abschneiden".

Um den Cross-Roll rückwärts zu erlernen, imitiert man Charly Chaplin oder eine „Watschelente" und stapft wie diese rückwärts. Dabei möglichst nicht auf die Zacke kommen!

Cross-Roll vorwärts, die Läuferin bewegt sich auf den Betrachter zu!

EISKUNSTLAUF BASICS

Cross-Roll rückwärts

94

INHALTE EINES EISKUNSTLAUFPROGRAMMS

EISKUNSTLAUF BASICS

7.1.1.5 Schwungbogen

Der Schwungbogen besteht aus nur einem Schritt, der über einen ganzen Takt, also drei oder vier Beats, erfolgt. Er ist ein schwungvoll gelaufener Auswärtsbogen, bei dem das Spielbein dicht am Standbein vorbei gleichmäßig durchgezogen wird, von hinten nach vorne und wieder zurück. Beim Schwungbogen rückwärts in umgekehrter Richtung.

Schwungbogen vorwärts, die Läuferin bewegt sich auf den Betrachter zu!

INHALTE EINES EISKUNSTLAUFPROGRAMMS

7.1.1.6 Schlangenbogen

Der Schlangenbogen ist ein Schritt auf einem Bein mit Kanten- und Kreiswechsel, bei gleitendem Übergang von einem Kreisbogen zum anderen.

Schritt Rva in leichter Gegenarmhaltung. Das ausgedrehte Spielbein wird mit einer Hebung aus dem Knie nach vorn geführt, das Standbein beugt sich wieder und das Spielbein wird unter Kantenwechsel zügig dicht an diesem vorbei nach hinten durchgezogen. Mit dem Kantenwechsel können auch die Arme ihre Position wechseln, das muss aber nicht sein (siehe Abbildung).

Schlangenbogen RvaRve und Spurenbild, die Läuferin bewegt sich auf den Betrachter zu!

EISKUNSTLAUF BASICS

7.1.1.7 Spitzenschritte

Auf den Spitzen der Schlittschuhe kann man die verschiedensten Schritte in theoretisch alle möglichen Richtungen ausführen, z. B. vorwärts laufen wie ein Sprinter, sich seitwärts mit Knieheben bewegen, einen Seitgalopp ausführen etc. Der Fantasie sind keine Grenzen gesetzt, alles, was gut aussieht, ist erlaubt! Durch energische Kniestreckung heben Spitzenschritte vom Eis ab, werden zu Hüpfern oder gar kleinen Sprüngen.

Spitzenschritte, die Läuferin bewegt sich auf den Betrachter zu!

INHALTE EINES EISKUNSTLAUFPROGRAMMS

7.1.2　DREHUNGEN

Drehungen sind so definiert, dass sie auf *einem* Bein ausgeführt werden. Entscheidend bei der Ausführung von Drehungen ist eine Knie-hoch-Knie-Bewegung, d. h. vor der Drehung wird das Knie gebeugt, das Standbein belastet. Eine Hochentlastung ermöglicht die Drehung. Anschließend wird das Knie wieder gebeugt zum gut ausbalancierten Stand.

Drehungen sind deutlich schwieriger auszuführen als Schritte, deshalb sollen hier nur die Dreier genauer besprochen werden. Alle Drehungen werden im Folgenden als linksdrehend beschrieben.

7.1.2.1　Dreier
Dreier haben ihren Namen von der auf dem Eis zurückbleibenden Spur, einer Drei. Sie werden beschrieben durch Richtungs- und Kantenwechsel.

7.1.2.1.1　Dreierschritt vorwärts auswärts
Beim Dreierschritt vorwärts auswärts erfolgt der Einlauf Lva, linker Arm und linke Körperseite vorn. Mit einer Abrollbewegung auf den vorderen Teil des Schlittschuhs und Vorbringen der rechten Hüfte wird gedreht und auf Lra gewechselt. Rechte Schulter und Arm machen eine leichte Gegenbewegung. Die Kreisneigung des Körpers bleibt unverändert beibehalten.

Dreierschritt vave, die Läuferin bewegt sich vom Betrachter weg!

99

EISKUNSTLAUF BASICS

Die Spielbeinhaltung kann stark variieren. Beim *Kunstlaufdreier* bleibt das Spielbein rückgespreizt, Zehenspitze und Hüfte unten, die Drehung kann eingeleitet werden. Beim *Eistanzdreier* wird das Spielbein zur Drehung ans Standbein herangeführt, die Zehenspitze ist eingedreht, die Hüfte unten. Die Drehung wird durch Vorbringen der Hüfte begonnen. Möglich ist auch, den Unterschenkel wie zum „Storch" anzulegen oder das Spielbein elegant schräg vorzuspreizen.

Eine weitere Variante ist der *„Touchdown-Dreier"*. Dabei schiebt bei jedem Dreier das Spielbein mit der Spitze an.

Gut einüben kann man den Dreier an der Bande, kleinere Kinder mit Trainer oder Partner.

Dreierschritt mit Hochspreizen des Spielbeins, auch Ami-Dreier genannt

INHALTE EINES EISKUNSTLAUFPROGRAMMS

Ausgangsstellung ist der Stand schräg links seitwärts, mit halbem Rücken zur Bande. Mit der linken Hand daran festhalten, auf dem bandennäheren Bein einen kleinen Halbkreis zur Bande hin laufen, diese mit der rechten Hand fassen, Hebung aus dem Standbein und Hüfte nach links drehen (90°), Kippen auf die Innenkante und sich in einen kleinen Halbkreis rückwärts wieder von der Bande wegschieben.

Die Schrittfolge LvaDrLre-RvaDrRre wird „Englischer Dreier" genannt und ist Teil der „Kunstläufer"-Prüfung (siehe Kap. 5.3.3).

Eine ansprechende kleine Schrittverbindung ergibt sich, wenn man an den Dreier seitliche Spitzenschritte, ähnlich einem „Seitgalopp", anschließt.

Dreier mit anschließendem Seitgalopp

EISKUNSTLAUF BASICS

7.1.2.1.2 Dreier rückwärts auswärts

Der sogenannte „Rittbergerschritt" bereitet auf den entsprechenden Sprung vor. Er wird im Knie Rra eingelaufen, mit Hochentlastung gedreht und im Knie Rve ausgelaufen. Das Spielbein wird gebeugt vor dem Standbein gehalten. Der Auslauf erfolgt durch Umsteigen auf Lre.

INHALTE EINES EISKUNSTLAUFPROGRAMMS

Dreier rückwärts auswärts

EISKUNSTLAUF BASICS

7.1.2.1.3 Doppeldreier

Er setzt sich aus zwei Dreiern zusammen. Der erste Dreier erfolgt von vorwärts auf rückwärts, der zweite von rückwärts auf vorwärts, alles natürlich auf einem Bein.

Abb. 4: Spurenbild Doppeldreier

7.1.2.1.4 Gegendreier

Wie bei den eben beschriebenen Dreiern Wechsel der Laufrichtung auf einem Bein von vorwärts nach rückwärts (über den Fußballen) oder von rückwärts nach vorwärts (über die Ferse) mit Kantenwechsel, aber gegen die Rotation des Einlauf- bzw. Auslaufbogens.

Abb. 5: Spurenbild Gegendreier

7.1.2.2 Wende und Gegenwende

Beide werden einwärts und auswärts, sowohl vorwärts als auch rückwärts gelaufen. Sie sind gekennzeichnet durch Richtungs- und Kreiswechsel. Es sind Drehungen, bei denen auf einem Bein ohne Kantenwechsel die Laufrichtung gewechselt wird, die Wende in Drehrichtung des Einlaufbogens, die Gegenwende gegen diese Drehrichtung.

Abb. 6: Spurenbilder Wende und Gegenwende

7.1.2.3 Twizzles

Dies sind fortschreitende Drehungen von mindestens 360°, in einer Aktion gedreht.

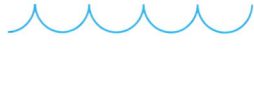

Abb. 7: Spurenbild Twizzles

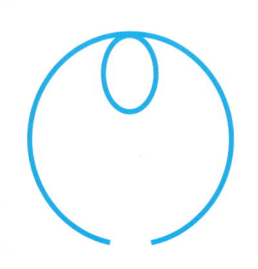

7.1.2.4 Schlingen

Sie sind eigentlich keine echten Drehungen, denn es wird immer die Laufrichtung beibehalten. Nach der ISU-Communication 1445 werden sie nun aber dazugezählt.

Abb. 8: Spurenbild Schlingen

INHALTE EINES EISKUNSTLAUFPROGRAMMS

7.2 PIROUETTEN

Pirouetten sind, genau wie Sprünge, faszinierende Höhepunkte eines Eiskunstlaufprogramms. Spitzenläufer drehen dutzende Male in rasender Geschwindigkeit und laufen dann weiter, als hätten sie die Kür gerade erst begonnen, springen beispielsweise gleich anschließend einen Dreifachsprung.

Nach der Körperhaltung unterscheidet man drei Basispositionen bei Ausführung der Pirouetten:

- *Standpirouette* – beid- oder einbeinig, Standbein gestreckt, die Körperhaltung kann variieren. Hierzu zählt auch die Biellmann-Pirouette.
- *Waagepirouette* – gedreht auf einem Bein, Oberkörper horizontal, Knie und Fuß des Spielbeins müssen über Hüfthöhe sein.
- *Sitzpirouette* – in sitzender Stellung auf einem Bein gedreht, das Gesäß muss unter Kniehöhe des Standbeins sein.

Pirouetten können eingelaufen, eingesprungen, gewechselt oder umgesprungen werden. Daraus ergeben sich die fünf Pirouettenarten:

- eingesprungene Pirouette,
- Kombi(nations)pirouette mit Fußwechsel,
- Kombi(nations)pirouette ohne Fußwechsel,
- Pirouette in einer Basisposition,
- Pirouette in einer Basisposition mit Fußwechsel.

Durch Veränderungen der Oberkörperhaltung, des Spielfußes oder der Armhaltung werden Pirouetten weiter variiert. Die Läufer finden immer neue Formen, der Fantasie sind keine Grenzen gesetzt. Alles, was eine Pirouette erschwert, das Gleichgewicht aus der Balance bringt, ... bringt mehr Punkte.

Pirouette in individueller Ausführung

EISKUNSTLAUF BASICS

7.2.1 GEMEINSAME TECHNIKMERKMALE ALLER PIROUETTEN

Pirouetten sind Drehungen um die Körperlängenachse. Wie alle sportlichen Bewegungen bestehen sie aus drei Phasen,

Vorbereitungsphase = Eingang in die Pirouette,
Hauptfunktionsphase = Drehen und
Endphase = Auslauf.

Der häufigste Eingang ist das Übersetzen rückwärts, es kann aber auch direkt aus einem Rückwärts-auswärts-Bogen eingelaufen werden oder aus einem Vorwärts-einwärts-Dreier. Dann wird ein enger Dreier auf dem Standbein angesetzt, die Pirouettendrehung zentriert und auf der Kufe, einer leichten Rückwärts-einwärts- oder Rückwärts-auswärts-Kante gedreht. Drehpunkt ist der vordere Teil der Kufe.

Abb. 9: Sprurenbild einer Pirouette aus dem Übersetzen rückwärts

Biomechanik (die auf den menschlichen Körper angewandte Mechanik) macht das Prinzip der Pirouettendrehung verständlich.

Es gilt, dass der Gesamtimpuls einer Drehung konstant bleibt, also sich weder im Betrag noch in seiner Richtung ändert, wenn keine äußeren Kräfte einwirken:
$L = I \times \omega$ = constant,

INHALTE EINES EISKUNSTLAUFPROGRAMMS

wobei L = Drehimpuls, I = Trägheitsmoment, ω = Winkelgeschwindigkeit; die geringe Reibung zwischen Kufe und Eis kann vernachlässigt werden. Das bedeutet, dass über eine Veränderung des Trägheitsmoments I die Winkelgeschwindigkeit ω, d. h. die Schnelligkeit einer Drehung, gesteuert werden kann: Wird I kleiner, so wird ω größer!

Nun definiert sich aber I = m x r^2 (m = Masse, r = Radius). Nachdem die Masse m des menschlichen Körpers konstant ist, muss der Radius, d. h. der Abstand der Masseteile von der Drehachse, ausschlaggebend für das Trägheitsmoment und damit auch für die Schnelligkeit einer Drehung sein. Mit anderen Worten, das Trägheitsmoment des menschlichen Körpers hängt von der Körperhaltung ab! In aufrechter Stellung mit angelegten oder nach oben gestreckten Armen

Pirouettendrehung (1) mit Auslauf (2-5)

EISKUNSTLAUF BASICS

ist das Trägheitsmoment relativ gering, alle Masseteile haben nur einen geringen Abstand zur Drehachse (hier Körperlängenachse). Durch seitliches Wegstrecken der Arme wirkt das Quadrat des Abstands (r^2), es wird in etwa verdoppelt. Die relativ geringe Masse der Arme ist dabei bedeutungslos. Deshalb hält man zu Beginn einer Pirouette, bis diese zentriert ist, die Arme seitlich gestreckt, das freie Bein bleibt weit abgespreizt. Dann werden die Extremitäten möglichst nah an die Drehachse herangebracht (Arme gestreckt über oder gekreuzt vor dem Körper, freies Bein z. B. vorne gekreuzt). Zur Beendigung der Pirouette werden die Arme wieder ausgebreitet, d. h. das Trägheitsmoment wird vergrößert, die Winkelgeschwindigkeit kleiner, die Drehung langsamer.

Bei allen Pirouettendrehungen müssen sich Körperschwerpunkt und senkrechte Drehachse genau über der Unterstützungsfläche befinden, also über dem Fußballen bzw. dem vorderen Teil des Schlittschuhs. Dies wird erleichtert durch die neue Kantentechnik: Beim Ansatz zur Pirouette befinden sich Schulter- und Hüftachse schon parallel zum Eis. Der Einlauf wird kürzer, von Anfang an kann schneller gedreht, die Pirouette früher zentriert werden.

Als Körperschwerpunkt (KSP) wird der theoretische Punkt bezeichnet, in dem sich die Gesamtmasse des Körpers vereinigt und an dem alle auf ihn wirkenden Kräfte (insbesondere die Schwerkraft) angreifen. Seine Lage hängt vom Körperbau des Menschen ab und ändert sich mit jeder Veränderung der Körperhaltung, wodurch er auch außerhalb des Körpers liegen kann. Im aufrechten Stand bei herabhängenden Armen liegt er etwa in Höhe des Bauchnabels. Nimmt man die Arme nach oben, wandert auch der Körperschwerpunkt nach oben. Bei der Sitzpirouette nimmt man die Arme nach vorn, damit der Körperschwerpunkt über dem Standbein bleibt, bei der Biellmann-Pirouette liegt er außerhalb des Körpers.

Körperhaltung bei der Biellmann-Pirouette

INHALTE EINES EISKUNSTLAUFPROGRAMMS

Jede Positionsverlagerung eines Körperteils bewirkt eine Ausgleichsreaktion: Ein Anheben des freien Beins nach hinten bewirkt ein Vornehmen des Oberkörpers, ein Zurücknehmen des Kopfs wird durch ein Vorschieben der Hüfte ausgeglichen, das Anheben eines Beins nach vorn durch Rücknehmen der Hüfte usw. Nur so bleibt der Läufer im Gleichgewicht und kann die Pirouette auf der Stelle drehen, ohne zu „wandern".

Zum Abstoppen der Drehung werden Arme und freies Bein ausgestreckt, das Trägheitsmoment erhöht. Gleichzeitig wird mit dem Oberkörper eine kleine energische Bewegung entgegen der Drehrichtung gemacht. Der Auslauf erfolgt in Gegenhaltung oder mit seitwärts gestreckten Armen. Meist wird mit einem Schritt auf rückwärts auswärts weitergelaufen.

Gegenhaltung heißt z. B.: linkes Bein zurück, gleichen Arm vor, den rechten Arm zur Seite. Zurzeit setzt sich allerdings immer mehr der Auslauf mit seitwärts gehaltenen Armen durch. Bei beiden sind Rumpf und Kopf aufrecht, alle Muskulatur gespannt, der Körper in gutem Zusammenschluss. Diese gespannte Auslaufhaltung ist ein wesentliches Element im Eiskunstlauf, man vergleiche z. B. auch die Landung nach Sprüngen, und muss immer wieder gesondert geübt werden.

Dem Anfänger wird beim Drehen von Pirouetten schnell schwindelig werden. Mit häufigem Üben und verbesserter Technik gibt sich das aber bald. Es hilft, während der Pirouette die Augen offen zu halten, ohne etwas bewusst zu sehen. Günstig ist auch, Pirouetten schon in möglichst jungem Alter zu erlernen. So wird das Gleichgewichtsorgan frühzeitig trainiert. Kleinen Kindern wird auch nicht so schnell schwindelig, sie lieben es sogar besonders, wenn sich alles um sie herum dreht!

So wie jeder Mensch Links- oder Rechtshänder ist, sein Sprungbein rechts oder links hat, bevorzugt er auch eine Drehrichtung. Bei Eiskunstläufern ist das meist die Drehung nach links. Daran orientieren sich die nachfolgenden Erläuterungen. Für rechts drehende Läufer gilt das andere Bein/der andere Arm.

EISKUNSTLAUF BASICS

7.2.2 DIE BEIDBEINIGE STANDPIROUETTE

Sie ist die einfachste aller Pirouetten und ein Element für den Anfänger.

Gedreht wird im beidbeinigen aufrechten Stand. Die Füße sind etwa hüftbreit geöffnet, dadurch steht man auf leichter Innenkante, die Schlittschuhe laufen kleine Kreise (= „Schnecke").

Zum Erlernen dieser Pirouette dreht man sich in aufrechter Haltung stapfend um die eigene Achse, Arme seitlich gehalten. Dabei den Rumpf fixieren, die Bauchmuskeln anspannen, den Körper lang machen. Beim Stapfen leitet immer der linke Fuß die Drehung ein, der rechte Fuß wird ca. hüftbreit parallel beigeholt. Nach einigen Schritten bleibt man in paralleler Haltung der Füße stehen, schließt die Arme vor dem Körper und dreht sich.

Für diese Pirouette gibt es besonders einfache Möglichkeiten des Eingangs, z. B.:
- Aus Einwärtsbögen: halber Bogen Lve mit rechtem Arm vorn, halber Bogen Rve mit linkem Arm vorn, linken Arm zurückziehen und linken Fuß hüftbreit geöffnet neben den rechten Fuß stellen, Knie strecken, die Pirouette dreht.
- Aus dem Ausfallschritt: Gegenhaltung der Arme, Stand links, 2 x „Rollerfahren" rechts, dann mit links Ausfallschritt (linkes Bein gebeugt, rechtes seitlich gestreckt), „Schnecke" laufen, Armzug links, Strecken beider Beine und Arme schließen, die Pirouette dreht.

Eingang und Körperhaltung bei der beidbeinigen Standpirouette

INHALTE EINES EISKUNSTLAUFPROGRAMMS

7.2.3 DIE EINBEINIGE STANDPIROUETTE

Diese Pirouette kann Lre oder Rra gedreht werden. Die Technik der Pirouette Lre wird hier genauer beschrieben, dann gilt:
- Eingang und Auslauf sind für alle Pirouetten prinzipiell gleich auszuführen!
- Die Pirouette Rra wird im Prinzip ebenso ausgeführt, aber mit einem Dreier Rve eingelaufen und dann Rra gedreht.

Technik der Pirouette Lre:
Eingang, z. B. nach dem Übersetzen rückwärts, Gleiten Rre, Arme in Gegenhaltung (links vorn, rechts hinten) Blick nach außen gerichtet. Das linke Bein wird gekreuzt hinter dem Standbein gehalten. Wenn zum Ende des Bogens die Geschwindigkeit langsamer, die Kreisneigung geringer wird, wenden sich Blick und Körperfront zur Kreismitte. Das linke Bein wird ca. im 90°-Winkel vorwärts auswärts, ohne Neigung des Oberkörpers in den Kreis, aufgesetzt und fährt einen kleinen Auswärtsbogen mit anschließendem Dreier. Das rechte Bein bleibt dabei weit seitlich gespreizt. Nun schwingt der linke Arm vom Körper weg, die Pirouettendrehung beginnt.

Das freie Bein beugt sich allmählich in eine Art „Storch"-Position und wird an den Körper herangenommen. Gedreht wird auf dem vorderen Teil des Schlittschuhs, Innenkante. Zu Ende der Pirouette werden die Arme wieder geöffnet und das rechte Bein mit einem Schritt seitwärts in den Kreis rückwärts auswärts zum Auslauf aufgesetzt, Hüften dabei abgewinkelt. Das linke Bein wird zurückgeführt, der Körper ist in aufrechter Haltung gespannt.

Erlernen der einbeinigen Standpirouette:
Auf kleinem Kreisbogen Lva fahren, lange im Knie stehen und die Form eines halben Herzens, an der Spitze beginnend, nachlaufen. Wenn der Läufer zum Zentrum des Herzens gelangt, Standbeinknie strecken, Arme zum Körper führen, Spielbein in die Storchposition bringen. Der Auslauf Lre vollendet das Herz.

EISKUNSTLAUF BASICS

112

INHALTE EINES EISKUNSTLAUFPROGRAMMS

Gleiten Rre nach dem Übersetzen rückwärts (1-5) und Eingang zur einbeinigen Standpirouette mit Dreier Lvare

Kreuzstandpirouette

Die *Kreuzstandpirouette* wird ebenfalls, wie beschrieben angesetzt, dann aber das freie Bein gebeugt und vorn über das Knie des Standbeins gelegt. Die Hüfte sollte dabei offen sein, das Knie des freien Beins nach außen zeigen. Dann wird es am Schienbein des Standbeins entlang gekreuzt nach unten geführt. Meist gehen die Arme dabei den entgegengesetzten Weg und strecken sich nach oben in Verlängerung des Rumpfs.

EISKUNSTLAUF BASICS

7.2.4 HIMMELSPIROUETTEN

Hier gibt es die verschiedensten individuellen Ausprägungsformen. Gemeinsam ist allen eine stark nach hinten oder zur Seite geneigte Position, also Bogenspannung. Die unterschiedlichsten Armhaltungen sind möglich, auch das Ergreifen der Kufe des freien Fußes. Diese Abwandlung der Himmelspirouetten sind die Königs- und die Biellmann-Pirouette. Der Oberkörper wird nicht nach hinten geneigt, dafür das freie Bein so weit wie möglich hochgezogen, bei der Königspirouette mit einer Hand, bei der Biellmann-Pirouette mit beiden Händen.

Beim Erlernen der Biellmann-Pirouette ist es einfacher, wenn die zweite Hand anfangs am Unterarm fasst.

Ansatz der Königs- und Biellmann-Pirouette: Ergreifen des Schlittschuhs

Vereinfachung der Biellmann-Pirouette, Hand am Unterarm

INHALTE EINES EISKUNSTLAUFPROGRAMMS

7.2.5 WAAGEPIROUETTE

Voraussetzung für das Erlernen dieser Pirouette ist das Beherrschen der Spirale rückwärts bzw. vorwärts.

Beim Einlauf zur Waagepirouette wird das Standbein stärker gebeugt als bei der Standpirouette, der freie Fuß bleibt dadurch länger auf dem Eis. Auch das Abwinkeln der Hüfte wird gegen Ende des Einlaufs stärker. Zur Einleitung der Drehung wird der linke Arm zurückgezogen, das Standbein streckt sich und Oberkörper, Spielbein und Arme gehen in die waagerechte Haltung über. Wie beim „Flieger" sind Kopf und freier Fuß die höchsten Punkte. Zwischen ihnen verläuft ein spürbarer Spannungsbogen. Auch die Arme werden mit guter Spannung seitlich neben dem Körper zurückgehalten. Wird die Drehung langsamer, richtet man den Oberkörper auf und geht in eine einbeinige Standpirouette über, dreht noch einige Male weiter und läuft wie üblich aus.

Waagepirouette

EISKUNSTLAUF BASICS

7.2.6 SITZPIROUETTE

Lernvoraussetzung für das Gelingen der Sitzpirouette ist das Beherrschen der einbeinigen Standpirouette sowie der „Pistole".

Der Eingang entspricht dem der einbeinigen Standpirouette. Ist die Pirouette zentriert, wird das freie Bein mit ausgedrehtem Fuß gestreckt in runder Bewegung vor das Standbein gebracht und dieses bis zur möglichst tiefen Sitzstellung gebeugt. Aus Gleichgewichtsgründen müssen die Arme weit nach vorn gehalten werden. Mehr Halt und Spannung hat man, wenn man dabei die Hände eingedreht fasst. Der Oberkörper wird auf den Oberschenkel gelegt und der Kopf vor die Knie gebracht. Gegen Ende der Pirouette richtet sich der Körper auf, das Standbein streckt sich, es wird ausgelaufen wie bei der einbeinigen Standpirouette.

Foto 1: Sitzpirouette, Arme gespannt vorn, Hände eingedreht gefasst

Foto 2: Sitzpirouette

INHALTE EINES EISKUNSTLAUFPROGRAMMS

7.2.7 EINGESPRUNGENE PIROUETTEN

Es gibt die eingesprungene Waagepirouette (Rra gedreht), eingesprungene Sitzpirouetten Lre und Rra sowie umgesprungene Pirouetten. Außerdem gibt es noch die selten zu sehenden eingesprungenen Stand- und Himmelspirouetten. Für das Gelingen ist der technisch gut gelungene Einsprung entscheidend.

Aus einem runden Bogen Lva wird in ähnlicher Art wie beim Dreiersprung zur Waage- bzw. Sitzpirouette eingesprungen: Arme und Schwungbein werden von hinten eingesetzt. Der Sprung muss in die Höhe gehen, damit schon beim Landen der Körperschwerpunkt bzw. die Drehachse gut über dem Schlittschuh zentriert ist.

Bei der eingesprungenen Sitzpirouette wird durch kurzes Anhocken des Absprungbeins schon in der Luft die Sitzstellung eingenommen.

Einsprung zur Waagepirouette

7.3 SPRÜNGE

Erst die Weiterentwicklung der Schlittschuhe Mitte des 19. Jahrhunderts durch den amerikanischen Tänzer Jackson Haines machte das Springen beim Eislaufen möglich. Er erfand Kufen aus Metall, die fest am Schuh angeschraubt waren. Anfangs sprang man nur kleine Sprünge mit einfacher Drehung. Heute aber werden selbst bei den naturgemäß weniger sprungstarken Damen alle Sprünge schon dreifach ausgeführt, die Herren zeigen einige sogar schon vierfach. Bei großen Meisterschaften sind dies in der Regel nur Toeloop und Salchow, beim Schaulaufen aber auch weitere, im Training geübt werden schon alle! Immer schwieriger wurden auch die Sprungkombinationen. Durch die Auswirkungen des neuen Wertungssystems ist dieser Trend aber gestoppt (vgl. Kap. 9).

7.3.1 SPRÜNGE, DIE ZUR VORBEREITUNG AUF DIE IN DER SCALE OF VALUE GELISTETEN SPRÜNGE DIENEN

Dies sind einfache Sprünge, welche die großen Sprünge vorbereiten, z. T. ohne Kantenlage, beidbeinig oder ohne Drehung ausgeführt.

7.3.1.1 Beidbeinig gesprungene und gelandete Sprünge

Springen macht Kindern und Jugendlichen Spaß, es ist Ausdruck ihrer Lebensfreude. Und mit dem „Froschhüpfer" haben ja auch schon die Anfänger vom Eis abgehoben (vgl. Kap. 4.5). Durch verbesserte Technik – energischeres Strecken von Hüft-, Knie- und Fußgelenken plus Armeinsatz, so wie bei einem Sprung an Land – wird daraus ein wirklicher Sprung.

Strecksprung

INHALTE EINES EISKUNSTLAUFPROGRAMMS

Beim beidbeinigen *Stecksprung mit halber Drehung* wird dann erstmals, wie beim Eiskunstlaufen üblich, rückwärts gelandet, auf der untersten Zacke mit sofortigem Absenken auf die ganze Kufe. Wie bei Sprüngen auch sonst üblich, wird der Schwung auf dem Fußballen (unterste Zacke) abgefangen, dann wird über den ganzen Fuß zur Ferse hin abgerollt.

Dieser Sprung, einbeinig gelandet, ist geeignet, um auf dem Eis die *Landehaltung* für alle Grundsprünge zu üben: Im Moment der Landung ist das freie Bein noch vor dem Landebein und wird dann seitlich zurückgeführt. Wichtig ist gute Körperspannung. Die Arme haben Seit- oder Gegenhaltung. Die Hände aufeinandergelegt, kann man sie auch eingedreht nach vorne strecken. Bei aufrecht gehaltenem Kopf gibt das gute Gesamtkörperspannung.

Auslaufhaltung bei eingedrehten, nach vorn gestreckten Armen

EISKUNSTLAUF BASICS

7.3.1.2 Einbeinig gesprungene und gelandete Sprünge

7.3.1.2.1 Pferdchen

Das Pferdchen, vorwärts abgesprungen und ohne Drehung ebenso gelandet, wird gern in Schrittkombinationen gezeigt. Es ähnelt vom Bewegungsablauf her dem gymnastischen Pferdchensprung, nur bleiben die Knie während der Flugphase gestreckt.

Technik: Eingelaufen wird auf der Außenkante. Für gute Vorspannung bleibt das freie Bein weit zurückgespreizt. Energische Streckung des Standbeins bedingt Absprung über die Zacke. Arme und Spielbein schwingen kräftig vorhoch. Die Landung wird auf der untersten Zacke des Schwungbeinschlittschuhs abgefangen und unmittelbar anschließend satt auf dem Sprungbein beendet.

Pferdchen

7.3.1.2.2 Dreiersprung

Der Dreiersprung ist quasi ein Schrittsprung mit halber Drehung, also Absprung vom einen, Landung auf dem anderen Bein, beides jeweils Außenkante.

Technik: Ein Mohawk oder Dreierschritt dient als Vorbereitung. Mit dem Umsteigen von Rra auf Lva das Standbein beugen, beide Arme nach hinten unten führen, Spielbein rückspannen. Zum Absprung die Arme bis etwa Kopfhöhe nach oben schwingen, das Schwungbein bis zur Spreizgrenze tangential vom Absprungbogen weg einsetzen, Sprungbein und -fuß explosiv über die Zacke strecken. Mit der Landung auf der Zacke den Fuß zum Auslauf Rra senken.

INHALTE EINES EISKUNSTLAUFPROGRAMMS

Dreiersprung

Erlernen des Dreiersprungs:
Die Bande, bei kleinen Kindern ein Partner/Trainer, eignet sich gut, um die richtige Technik bewusst zu machen: Linksspringer halten sich im Stand *rücklings* mit der linken Hand daran fest: flacher Lva-Bogen Richtung Bande, das rechte Bein – parallel zur Bande – schräg nach vorne oben schwingen. Gleichzeitig Strecken des linken Sprungbeins bis zum Stand auf der Zacke, Aufsetzen in weiter Grätschstellung auf der rechten unteren Zacke, Körperfront zur Bande gerichtet, beide Hände liegen darauf. Auf Rra absenken, das linke Bein nach hinten führen und in flachem Bogen Rra auslaufen.

Dies versucht man dann als kleinen Sprung, zunächst ebenfalls mit Bande bzw. Partner/Trainer, und dann allein.

Nach Hofer (O. J.) sollte der Absprung explosiv sein wie bei einem Hochspringer, der Schwungbeineinsatz energisch wie bei einem Fußballer, der Armeinsatz kräftig wie bei einem Boxer! Wichtig ist die aufrechte Haltung: Auch den Rumpf zum Sprung strecken, Kopf hoch!

7.3.2 IN DER SCALE OF VALUE GELISTETE SPRÜNGE

Im Eiskunstlaufen gibt es sechs Rotations- oder Grundsprünge. Alle können mit ein- bis mindestens dreifacher Rotation ausgeführt werden. Da sie auch einfach schon relativ schwierig und wohl kaum aus einem Buch zu erlernen sind, beschränken sich die folgenden Kapitel auf die Beschreibung der Gemeinsamkeiten der Technik, Gemeinsamkeiten beim Erlernen der Sprünge und auf deren wichtigste Technikmerkmale.

EISKUNSTLAUF BASICS

Wie schon bei den Pirouetten erwähnt, bevorzugen die meisten Eiskunstläufer auch bei Sprüngen die Drehrichtung links. Deshalb sind alle nachfolgenden
- Techniken für „Linksdreher" beschrieben,
- Abbildungen von rechts nach links zu betrachten (Ausnahmen: Landung und Auslaufhaltung sowie Spreizsprung).

7.3.2.1 Gemeinsamkeiten der Technik bei allen Sprüngen

Auch bei Sprüngen erfolgen die Drehungen immer um die Körperlängenachse, d. h., Kopf oben, Füße unten. Die beide verbindende Achse ist die Drehachse. Sprünge mit Drehungen um die Breitenachse, also Salti, sind im Wettkampf nicht erlaubt. Beim Schaulaufen aber werden Salti rückwärts, gestreckt oder gehockt, zur Begeisterung des Publikums, gern gezeigt.

Für die Technik aller Sprünge gelten immer die gleichen Grundregeln, egal, ob sie einfach oder mehrfach gesprungen werden. Einlauf und Absprung, Landung und Auslauf beim einfachen Salchow z. B. sehen genauso aus wie beim vierfachen. Es variiert nur die Körperhaltung im Flug, damit mehrfache Drehungen möglich sind!

Alle sportlichen Bewegungen können in drei Phasen aufgeteilt werden:
1. Vorbereitungsphase, das ist hier der Absprungbogen, eventuell weiter unterteilt in
- Einlaufbogen, z. B. Einlauf zum Dreier,
- Übergang Einlauf-/Absprungbogen, z. B. die Drehung beim Dreier,
- Absprungbogen, Auslauf des Dreiers.

2. Hauptfunktionsphase, das sind bei Drehsprüngen
- Absprung und Auslösen des Drehimpulses,
- Rotation und Flug,
- Beendigung der Rotation und Landung.

3. Endphase, bei Drehsprüngen ist dies der Auslaufbogen.

Bei den nachfolgenden Abbildungen zu den einzelnen Sprüngen werden, da Flug und Landung bei allen gleich sind, jeweils nur der Absprungbogen und der Absprung gezeigt.

Vorbereitungsphase:
Schnelligkeit für die Ausführung eines Sprungs gewinnt man durch unterschiedliche Anfahrten, meist durch Übersetzen rückwärts, es sind aber auch verschiedene Schrittkombinationen möglich. Zusammen mit dem Absprung-

INHALTE EINES EISKUNSTLAUFPROGRAMMS

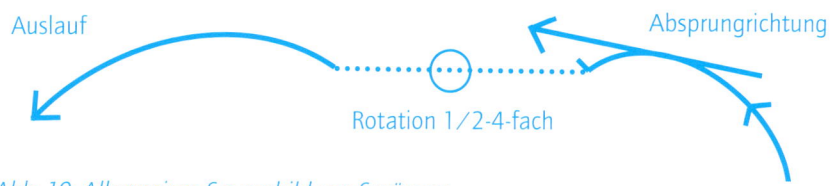

Abb. 10: Allgemeines Spurenbild von Sprüngen

impuls addiert sich das gewonnene Tempo zu möglichst großer Flughöhe. Runderer Einlauf erleichtert die Drehungen bei Mehrfachsprüngen.

Hauptfunktionsphase:
Absprung und Auslösen des Drehimpulses:

Fast alle Sprünge, Ausnahme Axel, werden rückwärts abgesprungen. Immer wird in Richtung der Tangente zum Absprungbogen, also aus dem Kreis heraus, gesprungen. Um einen optimalen Absprung mit kontrolliertem Drehmoment zu erreichen, sollte der Körper im Moment des Absprungs möglichst wenig Kreisneigung haben. Deshalb wird beim Einlauf die Hüfte in den Kreis gewinkelt. Andernfalls trifft der Absprungimpuls nicht die Schwerkraftlinie (Körperlängenachse) und es entstehen unkontrollierte Rotationen um schräg liegende Achsen. Gegen Ende wird der Absprungbogen verengt, der Körper angedreht. Bei Salchow und Rittberger löst dies eine kleine Standfußbewegung aus, einen kleinen Dreier, der den Schlittschuh quer stellt und dadurch sozusagen ein „Sprungbrett" für den Absprung bildet. Auf dem Eis bleibt eine V-artige Spur. Der Absprung erfolgt durch explosive Streckung des gesamten Körpers, wobei der Armeinsatz mit Streckbewegung von Kopf und Oberkörper derjenigen von Hüft-, Knie-, Fußgelenken etwas vorangeht. Wichtig ist „der Angriff der rechten Körperseite", nach Hügin (2004) das Kernstück der Sprungtechnik: Die linke Körperseite mit Hüfte und Schulter wird zurückgezogen, dann erfolgt der Absprung mit einer „energischen unten durch quer über die Spur – nach oben Bewegung" (Hügin 2004) der rechten Körperseite, also immer Hüfte, Schulter und Arm gemeinsam.

- Unten durch heißt, das Sprungbein wird stärker gebeugt.
- Quer über die Spur: Aus Gleichgewichtsgründen und wegen der tangentialen Absprungrichtung kreuzt das rechte Schwungbein und die gesamte rechte Körperseite das Standbein.
- Nach-oben-Bewegung: Arme und Oberkörper werden nach oben eingesetzt, unterstützt durch das Strecken des Sprungbeins, bei Zackensprüngen beider Beine.

EISKUNSTLAUF BASICS

Für den Absprung gibt es zwei Möglichkeiten:
- Absprung von der Schlittschuhkante = *Kantensprünge*: Axel, Rittberger und Salchow sowie
- getippter Absprung = *getippte Sprünge*: Toeloop, Lutz und Flip.

Alle Kantensprünge werden nach Abrollen über die Kante von der Kantenspitze, also der untersten Zacke, abgesprungen und landen kurzzeitig wieder auf dieser, von wo dann sofort auf die Außenkante zum Gleiten rückwärts abgerollt wird. Bei einem getippten Sprung tippt das Spielbein kurz mit der obersten großen Zacke ins Eis und unterstützt so den Absprung, der dann von beiden Beinen erfolgt.

Absprung zum Salchow

Die Rotation wird bereits auf dem Eis begonnen, d. h. eine viertel bis eine halbe Drehung erfolgt noch vor dem eigentlichen Verlassen des Eises. Ebenso wird sie erst beendet, nachdem die Zacke zur Landung ins Eis eingestochen hat.

Für den Armeinsatz gibt es zwei Möglichkeiten: Beim Axel, der als Einziger vorwärts abgesprungen wird, werden beide Arme von hinten unten energisch nach oben eingesetzt, also prinzipiell wie bei einem Strecksprung an Land. Bei allen anderen Sprüngen werden die Arme aus der Seithalte vor dem Körper zusammengezogen und dann mit dem Oberkörper angehoben.

Rotation und Flug:
Bei allen Sprüngen, nicht nur im Eiskunstlaufen, wird der Drehimpuls bereits im Absprung erzeugt. Im anschließenden Flug stellt der Körper dann ein in sich abgeschlossenes System dar, auf das außer der Schwerkraft keine „äuße-

INHALTE EINES EISKUNSTLAUFPROGRAMMS

Armeinsatz beim Absprung zum Axel

Armeinsatz beim Absprung zum Toeloop

ren Kräfte" einwirken. D. h., dass Drehrichtung und Flugbahn schon mit dem Absprung festliegen und dann nicht mehr zu beeinflussen sind. Nur die *Drehgeschwindigkeit* kann im Flug noch verändert werden. Durch enges Hereinnehmen der Arme und Überkreuzen der gestreckten Beine kann sie so erhöht werden, dass Mehrfachdrehungen möglich werden (vgl. Kap. 6.3.1).

Beendigung der Rotation und Landung:
Alle Sprünge landen rückwärts auf dem rechten Bein, unterste Schlittschuhzacke, dann wird sofort auf die Außenkante abgerollt. Da der Drehimpuls im Flug erhalten bleibt, kann die Drehung erst auf dem Eis beendet werden. Dazu wird der Körper gespannt, die Arme zur Seite oder Gegenhaltung geöffnet und das freie Bein weit zurückgespreizt. Dies erhöht das Trägheitsmoment, verringert die Drehgeschwindigkeit. Die Rotation wird gestoppt, ein Überdrehen und Sturz werden vermieden. Das freie Bein befindet sich im Moment der Landung noch vor dem Landebein und wird dann seitlich nach hinten gestreckt.

EISKUNSTLAUF BASICS

Endphase, der Auslaufbogen:
Zur Erhöhung der Stabilität wird der Sprung in tiefer Kniebeuge ausgelaufen. Dabei streckt man das freie Bein gespannt nach hinten. Der Auslaufbogen soll ein Halbkreis mit großem Durchmesser sein, bei dem das Standbein gebeugt bleibt.

Auslaufhaltung nach einem Sprung
1) *Gegenhaltung der Arme*
2) *Seithalte der Arme*
3) *Mehr Körperspannung durch Vorstrecken der eingedrehten Arme*

Entscheidend für das gute Gelingen eines Sprungs sind:
- ein optimaler Beschleunigungsweg durch mittlere Beugung des Absprungbeins (ca. 90° beim Absprung),
- eine maximale Anfangskraft durch Ausholbewegungen von Armen und Schwungbein, sowie
- eine optimale Koordination von Arm- und Schwungbeineinsatz, sowie Absprungimpuls.

Dann kann der Sprung förmlich explodieren und große Höhe und Weite erlangen. Die auf diese Weise verlängerte Flugzeit ist Voraussetzung für die Ausführung von Mehrfachdrehungen. Dabei wurden Winkelgeschwindigkeiten

INHALTE EINES EISKUNSTLAUFPROGRAMMS

von 1.800°/s gemessen, das entspricht fünf Umdrehungen pro Sekunde. Bei einem Sprung sind die Läufer allerdings bestenfalls knapp unter 0,8 s in der Luft. Männer sind die besseren Springer, sie haben durch günstigere biologische Voraussetzungen eine größere Sprungkraft und befinden sich im Schnitt 1/10 s länger in der Luft als Frauen, das heißt, sie haben Zeit, ca. eine halbe Umdrehung mehr zu springen als Frauen.

Hier eine Übersicht aller Sprünge die mit mehrfacher Rotation gesprungen werden können (ausgehend vom Linksspringer):

	SPRUNG	EINLAUF	ABSPRUNG	LANDUNG
Kantensprünge:	Axel	M, Rra-Bogen	Lva	Rra
	Rittberger	Dva + Rra, M	Rra	Rra
	Salchow	Dva, M	Lre	Rra
Getippte Sprünge:	Toeloop	Dve, M, Dva +Rra-Bogen	Rra + Zacke L	Rra
	Flip	Dva, M	Lre + Zacke R	Rra
	Lutz	Lra-Bogen	Lra + Zacke R	Rra

Abkürzungen:
M = Mohawk   v = vorwärts   L = links   e = einwärts
D = Dreier   r = rückwärts   R = rechts   a = auswärts

Die Übersicht zeigt, alle Sprünge landen Rra. Zudem gleichen sich alle Sprünge auch in der Flugphase, d. h. nach dem Absprung sehen alle gleich aus! Man muss beim Zusehen schon auf Einlauf und Absprung achten, um zu erkennen, welchen Sprung ein Läufer gerade zeigt!

Wie oben erläutert, bleibt auch die Grundstruktur eines Sprungs immer gleich, egal, mit wie vielen Umdrehungen er gesprungen wird. Nur die Körperhaltung im Flug muss modifiziert werden, um mehrfache Drehungen zu springen. Beim Dreiersprung z. B. wird nur eine 180°-Drehung gemacht, beim einfachen Axel nur 1,5 Umdrehungen. Sie werden daher mit weit gespreizter Beinhaltung ausgeführt. Bei Doppel-, Drei- oder gar Vierfachsprüngen dagegen wird versucht, die Extremitäten der Drehachse so gut wie möglich anzunähern, um eine schnellere Drehung zu erzeugen. Dazu werden die Arme möglichst dicht an den Körper gebracht, die Beine lang gestreckt und überkreuzt (Begründungen zur Technik siehe Kap. 7.2 „Pirouetten").

Eine Variation in der Flughaltung zeigt der sogenannte *Tano-Sprung*. Dabei streckt der Eiskunstläufer während Flug und Drehung einen Arm über den Kopf nach oben. Das erschwert den Sprung erheblich. Den Namen hat diese Ausführungsart nach dem US-Läufer Brian Boi*tano*, der als Erster einen dreifachen Lutz mit gehobenem Arm sprang.

Flughaltung bei einem Mehrfachsprung

Alle Drehsprünge werden bereits dreifach, Toeloop und Salchow auch vierfach gesprungen. Das erfordert eine längere Flugphase, insgesamt mindestens 7/10 s, und einen hohen Drehimpuls. Dafür sind gute Sprungkraft und die Fähigkeit, schnelle Drehungen auszuführen, gefordert. Toeloop und Salchow fallen deshalb vierfach am leichtesten, weil im Flug ja nur 3,5 Umdrehungen ausgeführt werden müssen. Wer den dreifachen Axel beherrscht, sollte auch Flughöhe und Drehfähigkeit zur Ausführung des vierfachen Toeloops haben.

7.3.2.2 Gemeinsamkeiten beim Erlernen der Technik von Sprüngen

Vieles kann an Land erarbeitet werden, z. B. der Absprung, die Landung oder auch die Grundform aller Sprünge.

Auf dem Eis besteht das Ziel darin, Anlauf und Absprung in einen möglichst hohen Vertikalimpuls umzuwandeln. Die optimale Anlaufgeschwindigkeit hängt dabei vom Können des Läufers ab, denn die Koordination von Anlauf und Absprung gelingt anfangs nur bei geringerer Geschwindigkeit.

INHALTE EINES EISKUNSTLAUFPROGRAMMS

Beim Erlernen von Sprüngen sucht man nach Vereinfachungen:
- Es kann anfangs beidbeinig gelandet werden.
- Der Sprungablauf kann an der Bande verdeutlicht werden, z. B. wird der Sprung an ihr in Zeitlupe ausgeführt oder sie kann die Richtung des Schwungbeineinsatzes angeben.
- Der Trainer kann „taktile Hilfe" geben, das Spielbein oder die Hüfte in die richtige Position bringen, an den Handgelenken halten, ...
- Es können „optische Hilfen" bei der Anlage von Sprüngen herangezogen werden. Die Linien des Eishockeyfeldes und die Banden dienen der räumlichen Orientierung.

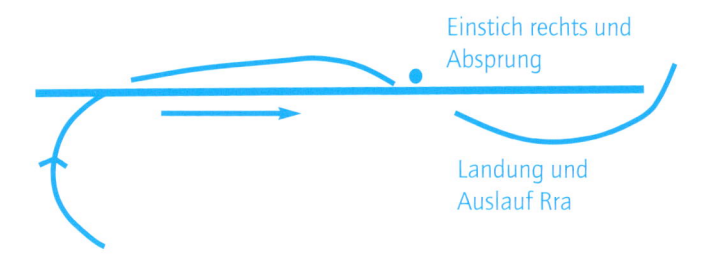

Abb. 11: Anlauf Lutz an Hockeylinie

- Die Sprünge werden erst mit halber, der Axel mit ganzer Drehung gesprungen, auf dem Eis ein Dreier RveRra angeschlossen.
- Auch an Doppel- bzw. Mehrfachsprünge tastet man sich heran, indem man nach Ausführung des einfachen Sprungs auf dem Eis noch weiterdreht und einen Dreier oder eine Pirouettendrehung anschließt.
- Mehrfachsprünge werden zunächst mit einer an der Hallendecke angebrachten Longe eingeübt.
- Die Kreuzstandpirouette rückwärts auswärts dient der Vorbereitung auf Mehrfachsprünge, denn ihre Arm- und Beinhaltung entspricht der Haltung im Flug und der Läufer gewöhnt sich so an hohe Drehgeschwindigkeiten.

Gesondert geübt werden muss der Auslauf mit Abbremsen der Rotation. Fehlt die Spannung, so kommt es zum Vorfallen des Oberkörpers, Stand auf den Zacken und ungewolltem Abbremsen, also Schwungverlust und eventuell sogar Sturz. Um bessere Spannung zu haben, hilft es, die gefassten Hände bei einwärts gedrehten Armen nach vorn zu strecken.

EISKUNSTLAUF BASICS

Landung und Auslaufhaltung mit nach vorn gestreckten Armen

Beim Training können Knie- und Ellbogenschoner (vom Volleyball oder Inlineskaten) eine nützliche Hilfe sein. Den Po, auf dem man wohl auch öfter einmal landen wird, kann man sich mit Schaumstoff oder Ähnlichem auspolstern, im Handel gibt es dafür auch eigens Fallhosen!

7.3.2.3 Kantensprünge
7.3.2.3.1 *Axel Paulsen*

Der Axel ist der einzige Rotationssprung, bei dem vorwärts abgesprungen wird. Beim einfachen Axel werden deshalb insgesamt 1,5 Umdrehungen gemacht. Die Weltspitze springt heutzutage aber kaum mehr einen einfachen Axel. Bei den Herren ist der dreifache Axel jetzt Voraussetzung, um gute Noten zu erlangen!

Technik: Angleiten Lva. Beim Absprung tief ins Knie gehen und mit den Armen ausholen, gleichzeitig das rechte „Spiel"-Bein anwinkeln und dann eng am Stand-

INHALTE EINES EISKUNSTLAUFPROGRAMMS

Absprung und Landung beim Axel

bein vorbei in die Streckung schwingen (Ziel: Schwungverstärkung). Das Sprungbein gibt den Rotationsimpuls durch Außenrotation des Oberschenkels. In der Luft Drehung um 540°, wobei die Beine eng aneinandergebracht werden, sodass das rechte Bein auf dem linken Bein liegt. Landung Rra.

Beim Absprung hilft die Vorstellung, seitlich eine Treppe hinaufzuspringen. Im Flug können beim einfachen Sprung die Beine auch gespreizt sein.

7.3.2.3.2 Rittberger

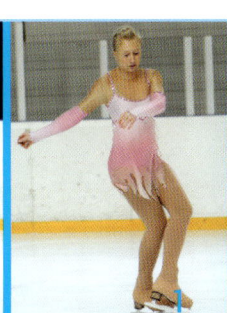

Einlauf und Absprung beim Rittberger

131

EISKUNSTLAUF BASICS

Als Hinführung zu diesem Sprung dient der Rittbergerschritt (s. Kap. 7.1 „Schritte"). Dieser Sprung, im Englischen auch Loop genannt, wird von der Außenkante rückwärts des „Nicht-Sprungbeins" gesprungen und landet wieder auf dieser.

Technik: Der Einlauf mit offenem Mohawk RveLre endet in einer Geraden, linker Arm vorn, rechter seitlich hinten. Rechten Fuß innerhalb der Spur aufsetzen und, die Lauflinie des linken Beins kreuzend, nach außen unter den Körperschwerpunkt gleiten lassen. Das linke Bein ist vor dem rechten Bein gekreuzt, man gleitet auf beiden Beinen rückwärts, die Hüften sind in den Kreis abgewinkelt. Das Gewicht wird auf das rechte Bein (Außenkante) verlagert und dann, durch Anheben des Oberkörpers, energische Streckung des Standbeins, Einsatz und Schließen der Arme, abgesprungen.

7.3.2.3.3   Salchow

1909 vom Schweden Ulrich Salchow kreiert, sprang man ihn bereits 1928 doppelt. Der Salchow war immer einer der ersten Sprünge, die mit noch einer Um-

Salchow aus dem Dreierschritt

INHALTE EINES EISKUNSTLAUFPROGRAMMS

drehung mehr, als bisher üblich, gesprungen wurden. Grund: Die Rotation in der Luft beträgt bei einem Doppelsalchow in Wirklichkeit ja nur 1,5 Umdrehungen. Je eine Vierteldrehung werden bei Absprung und Landung auf dem Eis gemacht. Wer also einen Axel beherrscht, hat auch die Voraussetzungen für einen Doppelsalchow, ebenso bei Doppelaxel die für einen Dreifachsalchow etc.!

Technik: Der Einlauf erfolgt mit Mohawk RveLre oder Dreierschritt LvaDre, der bei großer Schwungaufnahme oft auch übersprungen wird: ⌒ ⌒ Am Ende linker Arm und Körperseite vorn, rechts hinten, freier rechter Fuß in weitem Abstand zum Sprungbein. Ende des Einlaufs in tiefer Kniebeuge, bei unveränderter Haltung des freien Fußes, Kopf aufrecht, Rückenmuskulatur gut gespannt. Vorbringen der rechten Körperseite mit rechtem Arm und Spielbein, die Arme schließen vor dem Körper und werden mit dem Oberkörper nach oben eingesetzt, der Sprungbeinschlittschuh bildet das Absprung-V, das Schwungbein wird nach vorn gebracht und tangential zum Absprungbogen eingesetzt, Absprung. Walzerrhythmus gibt den Rhythmus vor: Jeweils auf Zählzeit 3 erfolgt der Ansatz der Dreierdrehung, des Sprungs und der Landung!

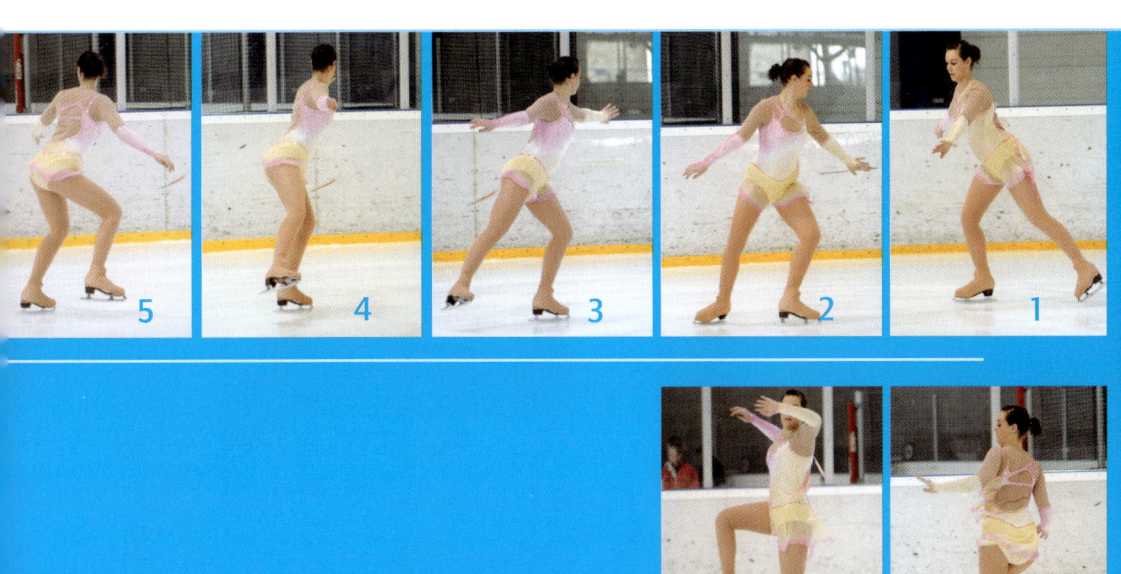

Salchow aus dem Mohawk

EISKUNSTLAUF BASICS

7.3.2.4 Zackensprünge
7.3.2.4.1 Toeloop

Dieser Sprung hat seinen Namen ausnahmsweise nicht von einem Eiskunstläufer, sondern nach seiner Ausführung: toe = Zehe, steht für Spitze bzw. Zacke, loop für Rittberger (englisch loop-jump genannt), also Toeloop = „getippter Rittberger".

Technik: Meist wird mit Dreier Rvera eingelaufen, aber auch Dreier Lvare mit Umsteigen auf Rra oder Mohawk LvaRra sind möglich. Der Dreier bzw. Mohawk wird flach Rra ausgelaufen, linker Arm vorn, Blick auf die Spur gerichtet. Das linke (Sprung-)Bein ist weit zurückgestreckt, es behält gleichen Abstand zum Sprungbein, die Spannung verläuft über den Rücken bis in die Spitze des freien Beins. Senken der Arme, Standbein beugen, die Zacken tippen ins Eis. Das rechte Bein wird ans Sprungbein herangezogen, Absprung mit schwunghaftem Einsatz von Armen und rechtem Bein, das linke Bein wird explosiv gestreckt.

Dreier-Einlauf und Absprung zum Toeloop

134

INHALTE EINES EISKUNSTLAUFPROGRAMMS

Beim Erlernen können Bande oder Trainer helfen.

Einstechen beim Toeloop

7.3.2.4.2 Flip

Der Flip wird auch „getupfter Salchow" genannt. Wie dieser kann er mit Dreier vorwärts auswärts oder mit Mohawk eingelaufen werden.

Technik: Der Dreier Lvare bzw. Mohawk RveLre wird flach ausgelaufen, freies rechtes Bein in Fahrtrichtung abgespreizt, Arme weit offen (rechter Arm in

Mohawk-Einlauf und Absprung zum Flip

EISKUNSTLAUF BASICS

Laufrichtung). Stand Lre und starkes Beugen dieses Beins zum Absprung, gleichzeitig tippt die große obere Zacke des freien rechten Schlittschuhs ca. 25 cm innerhalb der Spur ins Eis. Beide Beine und der Oberkörper strecken sich zum Sprung, das linke Bein wird schwunghaft eingesetzt, die Arme an den Körper genommen.

7.3.2.4.3 Lutz

Der Lutz, erstmals ca. 1917 gesprungen, ist nach seinem österreichischen Erfinder, einem ehemaligen Eishockeyspieler, benannt. Er wird ohne Dreier oder Mohawk eingelaufen. Bei allen bisher erläuterten Sprüngen wurde der Auslauf auf dem Kreisbogen des Einlaufs fortgesetzt, die Kreisneigung des Körpers beibehalten. Beim Lutz aber verlaufen Ein- und Auslaufbogen entgegengesetzt. Dies ist es, was ihn früher so schwierig machte. Theoretisch war es gar nicht möglich, ihn zu springen. Bei der Technik mit Oberkörperlage in den

Einlauf Lra und Absprung beim Lutz

INHALTE EINES EISKUNSTLAUFPROGRAMMS

Kreis mogelten die Läufer kurz vor dem Absprung, machten einen unerlaubten Kantenwechsel auf die Innenkante und sprangen von dieser einen sog. „Flutz" (das F vom Flip, weil von der Innenkante abgesprungen). Dies führte, wenn die Preisrichter es bemerkten, natürlich zu Abzügen.

Technik: Der Anlauf erfolgt meist durch Übersetzen rückwärts. Nach einem langen Schritt auf die linke Außenkante wechseln die Arme langsam ihre Position, links geht vor, rechts zurück. Der Körper richtet sich auf und der gelaufene Bogen wird sehr flach. Das rechte Bein wird ruhig zurückgenommen und weit nach hinten gestreckt. Die Beugung des Standbeins verstärkt sich, es wird nun eine deutliche Außenkante Lra gelaufen. Die Arme senken sich, der Blick geht in Drehrichtung, die Zacke sticht ins Eis, beide Beine werden gestreckt, die Arme vor dem Körper zusammengezogen. Es erfolgt der Absprung zum Lutz.

EISKUNSTLAUF BASICS

7.3.2.5 Verbindungssprünge

Es gibt noch eine Reihe weiterer Sprünge, die meist als Verbindungselemente in Sprungfolgen zu sehen sind. Sie können nur einfach, ohne Mehrfachdrehungen, gesprungen werden.

7.3.2.5.1 Spreizsprung

Technik: Einlauf und Absprung wie beim Flip Lre, mit dem rechten Fuß kurz ins Eis tippen, abspringen und mit einer halben Drehung in der Luft die Beine zum Spagat grätschen. Es setzt zuerst das nach vorn gespreizte linke Bein auf der unteren Zacke auf, sofort gefolgt vom Aufsatz auf der Innenkante Rve. Anschließend Dreier RreRve als Auslauf.

Die Herren machen in der Luft meist einen Grätschwinkelsprung, also Seitgrätschen und Anheben der Beine, die Damen meist den Spagat.

Beim Erlernen kann man sich zunächst auf Absprung und Landung konzentrieren, die Beinaktion während des Flugs vernachlässigen. Üben zuerst ohne, dann mit immer stärker werdendem Spreizen der Beine.

Spreizsprung

INHALTE EINES EISKUNSTLAUFPROGRAMMS

7.3.2.5.2 Oppacher

Wie der Axel hat er 1,5 Umdrehungen, wird aber Rve abgesprungen und, wie alle anderen Sprünge auch, Rra gelandet, also auf demselben Bein. Die Art des Absprungs ist etwas ungewöhnlich. Deshalb sieht man den Sprung fast nur bei Klassenläufern. In Klasse 5 wird Walley-Jeté-Oppacher verlangt.

Opacher

139

7.3.2.5.3 Walley

Beim Walley wird Rra eingelaufen und nach einem kurzen Schlangenbogen von Rre mit ganzer Drehung auf das gleiche Bein Rra gesprungen, also ähnlich wie beim Rittberger, nur Absprung von der Innenkante. Der Walley wird auch Einwärts-Rittberger genannt.

7.3.2.5.4 Jeté

Beim Jeté wird aus Lauf Rra eine halbe Drehung auf Lva gemacht, s. Abb. bei der Sprungfolge Walley-Jeté-Oppacher, S. 142-143.

7.3.2.5.5 Euler oder Thoren

Er ist nach dem gleichnamigen österreichischen bzw. schwedischen Läufer benannt. Auch er ist dem Rittberger ähnlich: Absprung wie bei diesem Rra, aber Landung nach ganzer Drehung auf dem anderen Bein Lre. Wegen seines Absprungs Rra eignet er sich gut als zweiter Sprung in Sprungkombinationen, z. B. Flip – Euler – Salchow (Kürklasse 7). Abbildungen siehe dort.

7.3.2.6 Sprungfolgen

Eine Sprungfolge oder Sprungsequenz besteht aus mindestens zwei Sprüngen, die durch einen Fußwechsel, kleinere, schnelle, nicht als Sprünge klassifizierte Schritte oder Drehungen verbunden sind. Es kann auch eine Folge von bis zu fünf oder sechs Sprüngen sein, die einfach oder doppelt ausgeführt werden. Eine Sprungfolge muss rhythmisch so im Takt ausgeführt werden, dass Beginn und Ende der Folge erkennbar sind. Sie muss also immer volle Takte umfassen.

Beispiele für Sequenzen finden sich z. B. in Kürklasse 5: Walley-Jeté-Oppacher, s. Reihenbild S. 142f., Klasse 1: Sequenz aus Doppellutz-Doppelrittberger-Doppeltoeloop.

7.3.2.7 Sprungkombinationen

Eine Sprungkombination besteht aus mindestens zwei Sprüngen, die unmittelbar aufeinanderfolgen. Der zweite Sprung wird von der Kante abgesprungen, auf der der erste Sprung gelandet wurde. Reiht man mehrere Sprünge aneinander, kommt es also zu einer Phasenverschmelzung: Die Endphase des einen Sprungs ist gleichzeitig Vorbereitungsphase des anderen. Da mit Ausnahme von Spreizsprung und Euler alle Sprünge Rra landen, können also nur solche

INHALTE EINES EISKUNSTLAUFPROGRAMMS

Sprünge angehängt werden, die von dieser Kante abgesprungen werden. Das sind aber nur Rittberger, Toeloop und der eben genannte Euler. Nur sie eignen sich daher als Folgesprünge in Sprungkombinationen. Der Euler erlaubt es, Sprünge von der Innenkante anzuschließen, also Salchow oder Flip.

EISKUNSTLAUF BASICS

8 7 6

16 15 14

Walley-Jeté-Oppacher

INHALTE EINES EISKUNSTLAUFPROGRAMMS

143

EISKUNSTLAUF BASICS

Beispiele für Sprungkombinationen sind Axel - Rittberger, Axel - Toeloop, Flip und Euler – Salchow, Toeloop – Toeloop etc., alles natürlich auch mit Mehrfachdrehungen möglich. Die Sieger im Einzellauf bei der Eiskunstlauf-EM 2008, Tomas Verner und Carolina Kostner, sprangen z. B. eine Kombination aus Dreifachflip, Dreifachtoeloop, Verner noch Dreifachlutz, Doppeltoeloop.

Die nachfolgende Bildreihe beginnt mit dem Absprung zum Flip. Für den Einlauf zum Flip s. Kap. 7.3.2.4.2.

Flip – Euler – Salchow

INHALTE EINES EISKUNSTLAUFPROGRAMMS

EISKUNSTLAUF BASICS

7.4 VERBINDENDE ELEMENTE

Dies sind relativ einfache Elemente, die sozusagen Füllsel einer Kür sind, kleine „Kunststücke", attraktiv und schön anzusehen. Durch die Möglichkeit, sie lang auszulaufen und mit weiträumigen Armbewegungen zu gestalten, sind sie meist Inhalt ruhigerer Passagen in einer Kür.

7.4.1 FECHTER

Der Fechter, auch „Schleppe" genannt, ist ein Ausfallschritt vorwärts auf dem Eis.

Aus dem beidbeinigen Stand oder Vorwärtslauf heraus wird ein großer Schiebeschritt vorwärts in den tiefen Ausfall gemacht. Oberkörper und Kopf sind aufrecht, die Hüfte so tief, dass der rückwärtige Schlittschuh übers Eis schleift. Das Gewicht lastet fast vollständig auf dem vorderen gebeugten Bein.

Fechter

Um den Fechter zu erlernen, sollte zuerst der Ausfallschritt „an Land" gekonnt sein. Eine gute Vorübung ist auch der T-Stopp (s. Kap. 6.4.1). Die Körperhaltung ist die Gleiche, nur das Standbeinknie ist weniger stark gebeugt, die Innenseite der Kufe schleift übers Eis.

Abwechslung und Spaß bringt der Fechter mit Abstützen auf Pylonen.

Fechter mit Abstützen auf Pylonen

7.4.2 PISTOLE

Die Pistole oder „Kanone" ist die Lernvoraussetzung für die Sitzpirouette.

Aus dem Lauf im beidbeinigen Hockstand ein Bein parallel zum Eis nach vorn strecken. Der Schwerpunkt muss weit vorverlagert werden, also Oberkörper vorbeugen und auf die Oberschenkel legen, den Kopf vor die Knie bringen, die Arme aus den Schulter heraus nach vorne ziehen.

INHALTE EINES EISKUNSTLAUFPROGRAMMS

Pistole

Auch hier bringt das Üben mit Pylonen Abwechslung. Jetzt kann man sich an den Pylonen aber nicht festhalten. Erst wenn die „Pistole" mindestens in Grobform gekonnt ist, kann man versuchen, sie mit Pylonen zu laufen. Sonst passiert das Folgende:

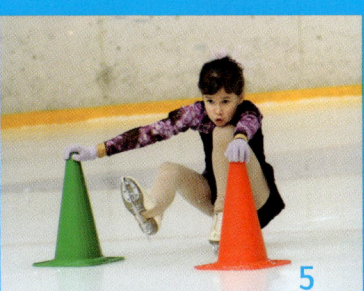

Pistole mit Pylonen – Versuch mißglückt

147

EISKUNSTLAUF BASICS

7.4.3 ZIRKEL

„Zirkel" haben ihren Namen vom entsprechenden geometrischen Instrument: Auf dem Eis sticht ein Schlittschuh mit dem vorderen oder hinteren Ende ins Eis. Mit dem anderen Bein werden ve, re oder ra Kreise um diesen Punkt gelaufen. Die Arme können verschieden gehalten werden, am einfachsten gestreckt seitwärts.

Zirkel Rve, Spitze eingestochen

Zirkel Rve oder Rre, Kufenende eingestochen

Die Einwärtszirkel sind technisch einfach. Der *Zirkel ra* dagegen ist etwas schwerer zu erlernen, denn mit dem Gewicht gut auf der Außenkante muss man lang auf dieser rückwärts gleiten, ehe die Zacke zum Zirkel eingesetzt werden darf.

Technik: Aus dem Übersetzen rückwärts, z. B. gegen den Uhrzeigersinn, auf Rra weitergleiten. Kopf, Körper und Arme drehen nach außen, das freie Bein ist gebeugt. Der Radius des Kreisbogens verkürzt sich, das linke Bein sticht mit der

Zirkel rechts rückwärts auswärts

INHALTE EINES EISKUNSTLAUFPROGRAMMS

Zacke weit hinter dem Körper ins Eis und man gleitet Rra im Zirkel um diesen Punkt.

7.4.4 „FLIEGER" UND SPIRALE

Meist ist der „Flieger" Kindern schon aus dem Kindergarten- oder Schulsport bekannt.

Auf dem Eis wird er vorwärts und rückwärts gelaufen.

Arabesquestellung

Beim Lauf auf der Kufe und aufrechtem Oberkörper ein Bein so weit wie möglich in die Arabesquestellung zurückspannen, Bogenspannung vom Kopf bis zu den Zehen. Das rückgespreizte Bein wird nun immer höher gedrückt, der Oberkörper hält dagegen, gibt aber allmählich nach, bis Körper und Spielbein sich mindestens in der Waagerechten befindet. In der Endstellung sollten Kopf und Fuß bei gut gespannter Rückenmuskulatur die höchsten Punkte sein, Standbein gestreckt, Fuß des Spielbeins ausgedreht.

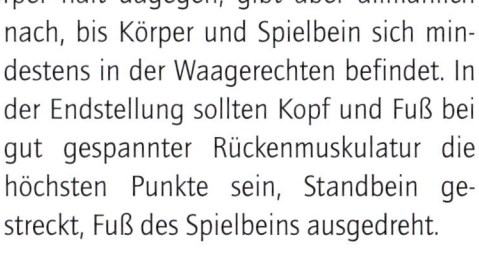

Die Arme können beliebig gehalten werden, gestreckt zur Seite, schräg nach vorne unten oder einer schräg nach vorne unten, der andere parallel zum Spielbein schräg nach hinten oben.

Wird der Flieger auf der Innen- oder Außenkante, also im Bogen, ausgeführt, wird er zur „Spirale". Das ausgestreckte Bein sollte mindestens auf Hüfthöhe gehalten werden.

Die Bewegung sollte an Land erlernt werden. So wird das nötige Körper- und

Spirale Lve

149

EISKUNSTLAUF BASICS

Flieger mit Abstützen auf zwei Pylonen

„Radiergummi": Spirale mit Fassen des Schlittschuhs

Gleichgewichtsgefühl für die richtige Bewegungsausführung unter vereinfachten Bedingungen erlernt.

Mit Abstützen auf Pylonen macht der Flieger besonderen Spaß und ist auch leichter auszuführen.

Variationen ergeben sich durch Fassen des Oberschenkels oder des Schlittschuhs.

7.4.5 DER „MOND"

Der Mond erfordert gute Hüftgelenkbeweglichkeit, denn beide Beine stehen dabei stark ausgedreht nebeneinander in Grätschstellung und fahren auf den Innen- oder Außenkanten einen flachen Bogen (Innen- oder Außenmond, bzw. Mond ve oder va). Die Beine sind gestreckt, können im Kniegelenk aber auch gebeugt werden.

INHALTE EINES EISKUNSTLAUFPROGRAMMS

Mond va mit gebeugten Beinen   *Mond va mit gestreckten Beinen*

Der Einlauf zum Mond erfolgt z. B. Lve, Arme in Gegenhaltung. Das freie Bein wird dicht am Standbein vorbei nach vorn geführt, um bei geöffneter Hüfte, Fußspitze voran, flüssig wieder zurückgezogen zu werden und, Ferse an Ferse, in der Spur des Standbeins anzusetzen. Nun werden die Beine gestreckt und Kurvenlage nach vorn (Innenkante) bzw. hinten (Außenkante) eingenommen.

7.4.6   INA BAUER

Dies ist ein Element ähnlich dem Mond. Die Füße stehen aber parallel versetzt, d. h. der vordere Fuß steht auf der Außenkante, der hintere Fuß auf der Innenkante vorderes Bein gebeugt, hinteres gestreckt.

EISKUNSTLAUF BASICS

8 TRAINING

Eiskunstlauf ist eine künstlerisch-technische Sportart, charakterisiert durch ästhetisch-schöne, attraktive Bewegungen. Zuschauerwirksame Programme mit flotten Schritten, schnell gedrehten Pirouetten und kraftvollen Sprüngen zeigen rhythmischen Einklang mit meist wunderschöner Musik.

Die Leistungsanforderungen sind extrem hoch. Deshalb ist ein frühzeitiger Einstieg in diese Sportart Voraussetzung, will man als Jugendlicher Höchstleistungen erbringen. Schon Zwei- bis Dreijährige ins Eiskunstlaufen einzuführen, ist aber verfrüht. Die Kinder konzentrieren sich noch nicht längere Zeit auf eine Sache. Gezieltes Üben kann erst ca. ab dem fünften Lebensjahr erfolgen. Ziel: Sicherheit auf den Kufen gewinnen und solide Grundlagen der Eislauftechnik legen. Training erfolgt anfangs 2-3 x wöchentlich je eine Stunde auf dem Eis, danach folgt „Turnen", d. h. Schaffen allgemeiner, für alle Sportarten wichtigen Grundlagen, vorwiegend durch verschiedene Spiele und spielerisches Üben. In der Folge wird immer ernsthafter trainiert, mehrere Stunden hartes Training pro Tag. Ausbildungsinhalte sind: Entwicklung konditioneller und koordinativer Voraussetzungen, Elemente- und Schritttraining, Ballettschulung und das damit verbundene Erlernen des tänzerischen Bewegungsrepertoires. Das bedeutet in der Regel 6 x pro Woche Eis-„Arbeit" von je 2-3 Stunden, Tanz- und Ballettstunden, Gymnastik und Konditionstraining, nicht zu vergessen das Gestalten der Choreografie. Hinzu kommen am Wochenende Wettbewerbe, Meisterschaften und Schaulaufen. Häufig ist all dies noch mit langen Anfahrtswegen zu den Leistungszentren verbunden. Der Tag eines jungen Eiskunstläufers ist also mit Schule, Hausaufgaben und Eislauf voll ausgefüllt. Es bleibt kaum Zeit für Freizeit, Hobbys und Freunde außerhalb der Eislaufwelt. Die Kinder selbst vermissen aber meist nichts. Eislaufen ist ihr Leben, sie sind fast süchtig danach, denn hier leben sie in einer anderen Welt, fühlen sich frei, leicht und beschwingt und in ihrem Können bestätigt.

Wegen des frühen Trainingsbeginns ist auch der Leistungshöhepunkt meist schon im Alter von 15-18 Jahren erreicht, bei den Herren etwas später. Aber nur wenige halten durch, noch weniger erreichen die Spitze! Das harte Training fordert seinen Tribut: Häufig kommt es zu Verletzungen, Rückenproblemen und eventuell zu nicht wiedergutzumachenden Schäden am Bewegungsapparat. Hinzu kommt, dass die Leistungsfortschritte nach der Pubertät meist geringer sind als vorher. Die großen Erfolgserlebnisse nehmen ab und das mindert den Spaß am Eislaufen.

8.1 WELCHE EIGENSCHAFTEN UND FÄHIGKEITEN BRAUCHT EIN EISKUNSTLÄUFER?

Eiskunstläufer benötigen besondere psychische und emotionale Eigenschaften, wie hohe Motivation, Fleiß, eiserne Disziplin, Ehrgeiz, Zielstrebigkeit und Beharrlichkeit, Selbstvertrauen, Mut und Risikobereitschaft, Konzentrationsfähigkeit, Kampfgeist, Siegeswillen und natürlich auch Talent. Er muss aber auch lernen, Rückschläge hinzunehmen. Schließlich gibt es in jedem Wettkampf nur einen Sieger!

Im körperlichen Bereich ist gute Ausprägung der konditionellen und koordinativen Fähigkeiten wesentliche Basis für optimale Technik im Eiskunstlauf.

Zu den *konditionellen Fähigkeiten* zählen Kraft, Schnelligkeit, Ausdauer und Beweglichkeit.

Die ersten drei treten meist in Mischformen auf, z. B. als Kraftausdauer oder Schnellkraft. *Beweglichkeit* definiert sich über die Komponenten *Gelenkigkeit*, das ist die angeborene individuelle Ausprägung der Schwingungsweite in den Gelenken, und *Dehnfähigkeit*, die trainierbar ist, und sich auf Sehnen, Bänder und die Muskulatur bezieht.

Der Eiskunstläufer benötigt gute *Schnellkraft* für die Ausführung von Sprüngen. Dabei werden vor allem der Wadenmuskel, der vierköpfige Oberschenkelmuskel und der Gesäßmuskel beansprucht.

Kraftausdauer wird im täglichen Training und auch im Kürlauf benötigt. Oft versagen Eiskunstläufer, die eigentlich hohes technisches Leistungsniveau haben, bei wichtigen Wettkämpfen wegen mangelnder Kraftausdauer.

Beim Eiskunstlaufen ist hohe *Beweglichkeit* von besonderer Bedeutung, vor allem im Hüftgelenk und in der Wirbelsäule, siehe Spreizsprung, Mond oder Biellmann-Pirouette. Kleine Kinder sind im Allgemeinen sehr gelenkig. Diese Ei-

TRAINING

genschaft gilt es möglichst zu erhalten. Ebenso ist auch die Dehnfähigkeit von Muskeln, Sehnen und Bändern von Kindheit an in möglichst täglichem Trockentraining zu verbessern bzw. zu erhalten.

Nur ein hohes Maß an Gelenkigkeit ermöglicht diese Position aus einer Fliegerspirale, genannt „Total Split".

Koordinative Fähigkeiten sind durch das harmonische Zusammenwirken von Sinnesorganen, peripherem und zentralem Nervensystem sowie der Skelettmuskulatur charakterisiert. Beim Eiskunstlauf werden besonders gefordert:

Gleichgewicht:	Dies bestimmt den Charakter des Eislaufs überhaupt. In kaum einer anderen Sportart wird es ähnlich gefordert.
Rhythmus:	Die Fähigkeit, eine Bewegung zu rhythmisieren bzw. an einen vorgegebenen Rhythmus anzupassen.
Differenzierung:	Das ist Bewegungspräzision bzw. die Fähigkeit, feine Nuancen in der zeitlichen, räumlichen und dynamischen Struktur einer Bewegung unterscheiden zu können.
Orientierung:	Die Fähigkeit, die Lage des Körpers und seiner Teile im Raum wahrnehmen zu können. Dies ist besonders wichtig beim Erlernen von Pirouetten und Sprüngen, aber auch, wenn Stürze unter Kontrolle gebracht werden müssen.
Koppelung:	Die zweckmäßige Koordination von Einzel- bzw. Teilbewegungen in räumlicher, zeitlicher und dynamischer Hinsicht.

EISKUNSTLAUF BASICS

Eis- und Gleitgefühl: Eine koordinative Fähigkeit, die speziell beim Eiskunstlaufen wichtig ist und die beim Einlaufen jedes Mal neu optimiert werden muss (vgl. Kap. 3.1).

Koordinative Fähigkeiten sind nicht angeboren, sondern müssen erlernt, gefestigt und ständig trainiert werden. Die Voraussetzungen dafür sind bei Kindern im Alter von 7-12 Jahren besonders günstig.

8.2 DIE PERIODISIERUNG DES EISKUNSTLAUFTRAININGS

Training wird übers Jahr geplant und richtet sich nach den Terminen der Wettkämpfe. Diese reichen heute teilweise von Ende August bis Ende April! Die Hauptwettkämpfe aber liegen im Zeitraum Mitte November bis Anfang April. So ergibt sich allgemein folgende Periodisierung:

Vorbereitungsperiode, eingeteilt in mehrere Etappen, von Anfang Mai bis Mitte Oktober. Hauptaufgaben sind Verbessern von Kondition und Koordination, Erlernen und Verbessern der technischen Elemente, Vorbereitung von Musik und Choreografie für Kür und Kurzprogramm.

Mittel dazu sind *beim Trockentraining* leichtathletische Läufe, Absprung- und Landeübungen, z. B. wiederholte Strecksprünge mit und ohne Zwischenfedern, auch mit halber oder ganzer Drehung, Streck- oder Steigesprünge eine Treppe hinauf, beidbeinige Strecksprünge auf ein Kastenoberteil/eine Treppenstufe und wieder hinunter, dabei Landung in Auslaufhaltung, Rope Skipping jeglicher Art, alles auch im Sprungparcours. Hinzu kommt Krafttraining, z. B. als Circuittraining, sowie Gymnastik und Ballett.

Auf dem Eis: Erarbeitung der Kürelemente und der Choreografie. Zum Ende dieser Periode sollten die Kürelemente einzeln beherrscht sein und zu etwa 70 % im Kür- bzw. Kurzprogramm verwirklicht werden können.

Unterstützend erfolgen Videoaufzeichnungen, durch die der Trainierende ein unmittelbares Feedback erhält. Bewegungsanalysen der Aufnahmen von Spitzenläufern zeigen ihm die Idealtechnik.

TRAINING

Viele Stadien haben im Sommer kein Eis. Dann muss ein Eiskunstläufer u. U. weit fahren, um doch auf Eis trainieren zu können. Ansonsten versucht er, mit Trockentraining (2-3 x/Woche), Rollschuhlaufen oder Inlineskaten fit zu bleiben. Häufig bieten Eislaufklubs in den Sommerferien auch Trainingslager von 1-2 Wochen Dauer an, die in Zentren, die Sommereis besitzen, stattfinden.

Vorwettkampfperiode, Mitte Oktober bis Mitte November: Hauptaufgaben sind, Kondition und Koordination auf dem erreichten hohen Niveau zu erhalten, die spezielle Ausdauer auf dem Eis weiter zu verbessern sowie Kurzprogramm und Kür mit allen Elementen durchzulaufen. Mittel dazu sind an Land wieder leichtathletische Läufe, Absprung- und Landeübungen. Auf dem Eis werden Teile des Kurzprogramms bzw. der Kür zur Verbesserung der aeroben Ausdauer in Intervallform gelaufen, z. B. eine Serie von einer Minute Lauf, zwei Minuten Pause, das Ganze 5 x, dann längere Pause und zweimalige Wiederholung der Serie. Werden Kurzprogramm und Kür als Ganzes gelaufen, so ist vor jeder Wiederholung auf vollständige Erholung zu achten, bei vierminütiger Kür z. B. 10 Minuten Pause.

Wettkampfperiode, Mitte November bis Anfang April: Hauptaufgaben sind, die sportliche Form zu stabilisieren und zu erhalten. Kurzprogramm und Kür werden mit voller Belastung und vollständigem Inhalt gelaufen, auch Serien von einer Minute Lauf, drei Minuten Pause, fünf Wiederholungen, das Ganze z. B. 3 x.

Die *Übergangsperiode* im April wird zur physischen und psychischen Erholung genutzt. Dabei sollte der konditionelle Zustand auf mittlerem Niveau erhalten werden, indem der Läufer andere Sportarten, die ihm besonderen Spaß machen, betreibt. Dieser „Ausgleichssport" bringt aktive Erholung. Der passiven Erholung dienen Bäder und Massagen.

8.3 DIE EINZELNE TRAININGSEINHEIT

Jede Trainingseinheit ist idealerweise dreigeteilt in 15-20 Minuten Aufwärmen, 1-2 Stunden Hauptteil und 5-10 Minuten Ausklang bzw. Abwärmen.

Aufwärmen oder *„Warm-up"* steigert die physische und psychische Leistungsbereitschaft. Es stellt alle Organfunktionen von Ruhe auf Arbeit um. Herztätigkeit, Blutzirkulation und Atmung werden angeregt, die Wärmeproduktion

EISKUNSTLAUF BASICS

und Durchblutung der Muskulatur erhöht und die fürs Eiskunstlaufen typischen Bewegungsabläufe eingespielt. Es dient der Verletzungsprophylaxe und bereitet muskulär und mental auf die kommende Belastung vor. Dadurch werden optimale Ausgangsbedingungen für die Belastungen im nachfolgenden Training geschaffen.

Manche Läufer vernachlässigen das Aufwärmen. Sie glauben, ein Einlaufen auf dem Eis reiche aus, um warm zu werden. Das ist nur eingeschränkt richtig. Man kann sich durchaus auch auf dem Eis aufwärmen, dann aber eben nicht sofort volle Leistung bringen. Schade um die kostbare Eiszeit! Außerdem dürfte jemand, der nicht gewöhnt ist, sich vor dem Training aufzuwärmen, dies wohl auch vor einem Wettbewerb oder einer Meisterschaft kaum ordentlich tun, und 5-6 Minuten Einlaufzeit reichen dafür nicht aus.

Das Aufwärmen sollte nach Möglichkeit an Land beginnen. Empfehlenswert sind Dehnübungen (Stretching) sowie kurzzeitige Belastungen der (Schnell-)Kraft, also verschiedene Läufe (z. B. Sprints, Skipping), Seilspringen, Steigesprünge, Üben der später im Eistraining verlangten Sprünge sowie speziell der Landehaltung etc. Dazu gehören besonders bei den Kleinen auch Spiele, denn Aufwärmen darf ja auch Spaß machen. Zu beachten ist, dass die Belas-tung nur mäßig intensiv sein sollte, beim Aufwärmen darf keine Ermüdung auftreten. Es soll ja nur zum Hauptteil hinführen! Hilfe für das Aufwärmen bietet die Website des Eissportklubs Ravensburg http://www.escr.de/, sowie die Seite http://www.ballettspass.de/index.html.

Auf dem Eis setzt sich das Aufwärmen als Einlaufen und spezielles „Einbewegen" fort. Es beginnt mit verschiedenen Schritten und Schrittkombinationen, die helfen, das gute Gefühl für Kante und Eis, also das „Eisgefühl", wieder zu gewinnen.

Im *Hauptteil* werden je nach Trainingsphase Sprünge, Pirouetten und Schritte neu erlernt, wiederholt oder verbessert und miteinander kombiniert. Auch an der Choreografie wird gearbeitet. In den unteren Leistungsklassen erfolgt meist Gruppentraining oder der Trainer widmet sich eine bestimmte Zeit einem einzelnen Schüler. Der normale Klassenläufer ist also die meiste Zeit auf sich allein gestellt, übt und wiederholt selbstständig, was er beim Trainer gelernt hat. In der Regel steht erst dem Meisterläufer ein eigener Trainer, Choreograf, Psychologe etc. zur Seite.

Das *Cool down* oder der *Ausklang* des Trainings erfolgt durch abwärmendes Dehnen (Stretching) oder verschiedene Spiele auf dem Eis.

8.4 PSYCHOLOGISCHE GESICHTSPUNKTE

Beim Eiskunstlauf trainieren Kinder hart wie Erwachsene und bringen sportliche Leistungen, die in anderen Sportarten erst von 20-30-Jährigen verlangt werden. Sie sind leicht zu führen und dem Trainer voll ergeben, ja fast schon hörig! Eiskunstlauftrainer tragen daher eine hohe Verantwortung. Sie müssen dafür sorgen, dass den Kindern Training und Wettkampf Spaß machen und dass das Belastungsniveau immer der Leistung und dem Alter des Sportlers angemessen ist. Die Läufer dürfen weder über- noch unterfordert werden, beides ist schlecht: Ersteres erzeugt Versagensängste, Letzteres Langeweile. Nur das richtige Maß an Herausforderung führt zum „Flow"-Erlebnis und dem Wunsch, diese positive Erfahrung zu wiederholen. Ein „Flow"-Erlebnis entsteht, wenn ein Mensch völlig in einer Tätigkeit aufgeht, dies genießt und alles andere um sich vergisst. Eislaufen ist dann wie Fliegen, man schwebt in einer anderen Welt!

Beim Training mit kleineren Kindern ist vor allem der *individuelle* Fortschritt wichtig und muss beachtet werden. Der Vergleich mit anderen sollte noch hintanstehen. Gute Leistungen verdienen Lob, schlechte dürfen nicht überbewertet werden, jeder Mensch hat einmal einen schlechten Tag.

In Wettbewerben werden Fehler oft gleich am Anfang einer Kür gemacht, was dann meist gleich noch weitere Fehler nach sich zieht. Grund ist wohl oft Lampenfieber und Angst, den Anforderungen nicht zu genügen bzw. sich zu blamieren. Gegen Nervosität kann aber nur Selbstvertrauen und positives Denken helfen. Dies aufzubauen, ist wesentliche Aufgabe des Trainers. Er muss zeigen, dass er an die Leistung seines Schützlings glaubt. Er sollte immer Positives sehen: Selbst wenn vielleicht nicht das ganze Programm zufriedenstellend war, gab es doch sicher auch einige gut gelungene Elemente. Diese verdienen besondere Beachtung.

EISKUNSTLAUF BASICS

Für kleine Kinder ist es schwer, Rückschläge und Niederlagen zu ertragen und sie zu verarbeiten. In einem Wettkampf ist die Zahl der Verlierer immer größer als die der Gewinner. So ist man bei Kindern dazu übergegangen, jedem Teilnehmer eine Urkunde oder sonstige Anerkennung zu geben. So bleibt der Wettbewerb in jedem Fall positiv in Erinnerung, man fühlt sich in seiner Leistung bestätigt.

8.5   ERNÄHRUNG

Die zeitlichen Belastungen des jugendlichen Eiskunstläufers bringen es leider mit sich, dass der Weg von der Schule oft direkt zum Training führt. Schnell wird auf der Fahrt dorthin ein Brot verschlungen – Essen ist unwichtig, schadet ja auch der Figur! Dann geht es rasch aufs Eis oder in die Gymnastikhalle. Häufig wird vergessen, dass regelmäßige und sinnvolle Ernährung eine wichtige Voraussetzung für Gesundheit, Wohlbefinden und hohe Leistungsfähigkeit ist. Wer Sport treibt, verbraucht Energie. Werden die Energiespeicher nicht wieder aufgefüllt, so sinkt die Leistung. Eltern sollten deshalb darauf achten, dass keine Mahlzeit ausgelassen wird. Wichtig ist vielseitige, ausgewogene Nahrungsaufnahme, d. h. reichlich Eiweiß (leichtes Fleisch oder Fisch), Kohlenhydrate (Nudeln, Reis etc.) und hochwertige Fette (z. B. gutes Salatöl). Am besten ist es, das zu essen, was einem schmeckt. Der Körper macht seine Bedürfnisse schon geltend! Vor allem entsteht dann auch kein Heißhunger auf Dinge, die man sich versagt hat, wie etwa Schokolade. Dabei darf auch das Trinken nicht vergessen werden. Beim Training sollte man immer eine Flasche Obstsaft, Tee oder Mineralwasser dabeihaben. Minimum der täglichen Trinkmenge sind zwei Liter, bei körperlicher Belastung und Schwitzen aber deutlich mehr.

8.6   DIE HÄUFIGSTEN VERLETZUNGEN BEIM EISKUNSTLAUF

Vor allem bei Absprung und Landung wirken enorme Kräfte auf Muskeln, Gelenke und Bänder. Sprunggelenkverletzungen, Fußbrüche und Schäden am Kniegelenk sind keine Seltenheit. Unkorrekte Landungen belasten die Wirbelsäule und führen zu Rückenproblemen. Häufige Ursachen von Verletzungen sind mangelndes Aufwärmen, unzureichender Trainingszustand, Ermüdung und natürlich Fehler in der Technik.

Ist der Haltungs- und Bewegungsapparat mit geschlossenen, also nicht blutenden Verletzungen betroffen, so ist für die Erstversorgung des Verletzten das „P E C H-Schema" anzuwenden: **P**ause machen – **E**is auflegen (auf der Eisfläche zusammenschaben!) – **C**ompression, d. h. Anlegen eines Druckverbands – **H**ochlagern des verletzten Körperteils.

Beim *Muskelkater* handelt es sich um kleinste Verletzungen der Muskelzellen, sog. Mikrotraumata. Er entsteht durch besonders intensive, ungewohnte Belastungen.
Erste Hilfe: Durchblutungssteigerung mittels einer heißen Dusche oder eines Bades, Sauna, lockernde (Wasser-)Gymnastik, Einreiben mit durchblutungsfördernden Salben.
Vorbeugung: Gezieltes Aufwärmen der im Training besonders beanspruchten Muskelpartien, die Belastungsintensität allmählich steigern, Abwärmen nach dem Training, heiße Dusche o. Ä.

Prellungen sind die wohl häufigste Folge von Stürzen beim Eiskunstlauf. Der Sportler spürt ein leichtes Lähmungsgefühl, ein Anschwellen mit Bluterguss, und, sofern ein Gelenk betroffen ist, Bewegungseinschränkung.
Erste Hilfe: Behandlung nach dem PECH-Schema, Auftragen von ergussauflösenden Salben.
Vorbeugung: Kaum möglich, außer, dass man versucht, einen Sturz möglichst noch rechtzeitig unter Kontrolle zu bekommen.

Bei *Verstauchungen* oder *Verrenkungen* wird ein Gelenk entgegen seiner eigentlichen Bewegungsmöglichkeit verdreht, bei der Verstauchung in geringem Maße, bei der Verrenkung so stark, dass die Gelenkflächen zumindest kurzzeitig keinen Kontakt mehr haben. Solche Fehlbelastungen können z. B. bei Landungen nach Sprüngen im Kniegelenk auftreten, wenn die Rotationsgeschwindigkeit durch Öffnen der Körperhaltung nicht ausreichend abgebremst wurde. Beide Verletzungsarten äußern sich durch Schwellungen und Schmerzen. Bei der Verrenkung kann das Gelenk nicht mehr bewegt werden und ist eventuell verformt.
Erste Hilfe: Behandlung nach dem PECH-Schema. Unbedingt einen Arzt aufsuchen.

Gehirnerschütterungen sind häufig Folge unerwarteter Stürze nach hinten. Kopfschmerz, Schwindelgefühl, Übelkeit, eventuell auch kurze Bewusstlosigkeit lässt auf diese Verletzung schließen.
Erste Hilfe: Absolute Ruhe, den Verletzten außerhalb des Eises lagern und Hilfe holen (Arzt oder Ambulanz).

EISKUNSTLAUF BASICS

9 DEUTSCHE EISKUNSTLAUFBESTIMMUNGEN (DKB)

Die deutschen Eiskunstlaufbestimmungen sind die von der Deutschen Eislauf-Union (DEU) herausgegebenen Wettkampfregeln und sind einzusehen unter http://www.eislauf-union.de/Satzung&Regelwerk.html). Sie orientieren sich am jeweils neuesten Stand des „ISU Judging-Systems". Aktuelle Informationen dazu finden sich unter
http://www.eislauf-union.de/ISUJudging-System.html, der Informationsseite der DEU zum ISU Judging-System in deutscher Sprache.

9.1 DIE LEISTUNGSKLASSEN

Wettbewerbe der DEU werden in drei Leistungsklassen ausgetragen, Nachwuchsklasse, Junioren- und Meisterklasse. Letztere wird auch Seniorenklasse genannt, aus Englisch „senior" = „of highest degree", also Meisterklasse!

Gelaufen wird jeweils ein Kurzprogramm und eine Kür. Für den Start bei deutschen Meisterschaften und beim Deutschland-Pokal ist Voraussetzung:

Meisterklasse	Kürklasse 1
Juniorenklasse	Kürklasse 2
Nachwuchsklasse	Kürklasse 3

Wie in Kap. 5 gesehen, gibt es vereinsintern, auf Länder- und nationaler Ebene, weitere Klassifizierungen.

Eine gute Übersicht über die Startklassen bietet u. a. die Website des Landesverbands Baden-Württemberg, nachzulesen unter
http://www.merc-ks.de/Kunstlauf/Wettbewerbe/Wb-Angebot.htm#WBTAB.

Die folgende, vereinfachte Tabelle ist daran angelehnt. Mit Mausklick kann man dort aufrufen, welche Elemente in Kurzprogramm (KP) oder Kür verlangt sind.

BESTIMMUNGEN

Die Erlaubnis zur Teilnahme an nationalen Wettkämpfen erwirbt ein Sportler über Qualifikationswettbewerbe, die von den Landesverbänden angeboten werden.

Tab. 2: Die Leistungsklassen

Wettbewerb (Mädchen und Jungen)	Voraussetzungen, um bei diesem Wettbewerb zu starten
Freiläufer	*Freiläuferprüfung*
Figurenläufer	*Figurenläuferprüfung*
Kunstläufer Startberechtigung nur für eine Saison *Anfänger* (max. bis 14 J.) Kurzprogramm (= KP), max. 1 min, mit Musik, Kür, 2:30 min +/- 10 s Startberechtigung in der Anfängerklasse max. zwei Jahre, danach muss Neulinge gelaufen werden.	*Kunstläuferprüfung* oder *Kürklasse 8* *Kürklasse 7* oder maximal *Kürklasse 6*
Neulinge B nur Kür! 2:30 min +/- 10 s *Neulinge A* KP, max. 2 min 30 s mit Musik, Kür, 3 min +/- 10 s mit Musik Neulinge A oder B muss gestartet werden. Startberechtigung jeweils nur eine Saison, d. h. im Folgejahr muss Nachwuchs gelaufen werden.	*Kürklasse 6* *Kürklasse 5*
Nachwuchsklasse B KP, max. 2:30 min +/- 10 s mit Musik, Kür, 3 min +/- 10 s mit Musik Nachwuchs B gilt als Zwischenklasse für Nachwuchsläufer ohne Kürklasse 3. Ein Start in Nachwuchs B ist mehrmals möglich.	*Kürklasse 5* oder *Kürklasse 4*

EISKUNSTLAUF BASICS

Nachwuchsklasse A *Kürklasse 3*
KP max. 2:30 min,
Kür Mädchen 3 min +/- 10 s,
Jungen 3:30 min +/- 10 s

Junioren *Kürklasse 2*
KP max. 2:50 min,
Kür Herren: 4 min,
Damen: 3:30 min, je +/- 10 s

Meisterklasse *Kürklasse 2* oder *Kürklasse 1*
KP max. 2:50 min,
Kür Herren: 4.30 min,
Damen: 4 min, je +/- 10 s

Die Angaben in der vorangehenden Tabelle können in den einzelnen Landeseislaufverbänden (LEV) u. U. geringfügig variieren, vor allem bezüglich der Altersbegrenzungen oder der Einführung weiterer Klassen im unteren Leistungsbereich. In Bayern gibt es vor den Anfängern z. B. noch die Sternschnuppen oder „Falling Stars", mit Altersbegrenzung U 9. Bitte informieren Sie sich bei Ihrem Landesverband über die dort geltenden Bestimmungen.

9.2 DAS PROGRAMM

Das *Kurzprogramm* beim Einzellaufen dauert je nach LEV zwischen einer Minute für den Anfänger und höchstens 2 min 50 s für die Meister- und Juniorenklasse. Je nach Klasse sind 3-8 Elemente vorgegeben, die, durch Verbindungselemente miteinander verknüpft, in beliebiger Reihenfolge gelaufen werden. Zusätzliche Elemente oder Wiederholungen sind nicht erlaubt.

In der Meisterklasse wurden 2007/08 folgende Elemente gefordert:

Herren:
- Doppelter oder dreifacher Axel,
- ein dreifacher oder vierfacher Sprung, dem Verbindungsschritte oder andere vergleichbare Kürelemente unmittelbar vorangehen,

BESTIMMUNGEN

- eine Sprungkombination (ein doppelter und ein dreifacher Sprung oder zwei dreifache Sprünge oder ein vierfacher und ein doppelter oder dreifacher Sprung),
- eingesprungene Pirouette,
- eine Waage- oder Sitzpirouette mit nur einem Fußwechsel,
- eine Pirouettenkombination mit einem Fußwechsel und mindestens zwei Positionswechseln (Waage-, Sitz-, Standpirouette und ihre Variationen),
- zwei verschiedene Schrittfolgen (Kreis-, Serpentinen-, Längsschrittfolgen).

EISKUNSTLAUF BASICS

Damen:
- Doppelter Axel Paulsen,
- ein dreifacher Sprung, dem Verbindungsschritte oder andere vergleichbare Kürelemente unmittelbar vorangehen,
- eine Sprungkombination (ein doppelter und ein dreifacher Sprung oder zwei dreifache Sprünge),
- eine eingesprungene Pirouette,
- eine Grundpirouette,
- eine Pirouettenkombination mit einem Fußwechsel und mindestens zwei Positionswechseln (Waage-, Sitz-, Standpirouette und ihre Variationen),
- eine Spiralfolge,
- eine Schrittfolge (Kreis-, Spiral-, Längsschrittfolge).

Ein „gut ausgeglichenes Programm" („Well-Balanced-Program") von vorgegebenen Sprüngen, Pirouetten, Schritten und anderen verbindenden Elementen wird heute anstelle der Kür gefordert. Diese Inhaltsvorgaben sind in Übereinstimmung mit der frei gewählten Musik und unter Ausnutzung der vollen Eisfläche zu zeigen und dauern von 2:30 min bei Neulingen B bis 4:30 min bei den Herren und 4 min bei den Damen der Meisterklasse.

Ein „gut ausgeglichenes Programm" der Meisterklasse musste 2007/08 Folgendes beinhalten:

Herren:
- Höchstens acht Sprungelemente (darunter muss ein Axel Paulsen sein);
- mindestens vier verschiedene Pirouetten, davon eine kombinierte, eine eingesprungene und eine nur mit einer Position;
- höchstens zwei Schrittfolgen (Spiralen-, Längs-, Kreis-, Serpentinenschrittfolgen).

Damen
- Höchstens sieben Sprungelemente (darunter muss ein Axel Paulsen sein);
- mindestens vier verschiedene Pirouetten, davon eine kombinierte, eine eingesprungene und eine nur mit einer Position;
- höchstens zwei Schrittfolgen (Spiralen-, Längs-, Kreis-, Serpentinenschrittfolgen).

BESTIMMUNGEN

Diese Vorgaben werden jährlich geändert und jeweils gegen Jahresmitte unter www.isu.org neu bekannt gegeben.

Sprünge werden höher bewertet, wenn sie in der zweiten Hälfte des Programms ausgeführt werden: Der Grundwert wird dann mit 1,1 multipliziert.

Zusätzlich gezeigte Elemente oder solche, welche die erlaubte Anzahl überschreiten, werden nicht gezählt. Auch wird immer nur der erste Versuch gewertet. Für Innovatives kann einmal im gesamten Programm ein Bonus von zwei Punkten gegeben werden.

Allgemein wird immer noch der Ausdruck „Kür" für „gut ausgeglichenes Programm" verwendet. Das ist prägnant und wird sich halten, sachlich aber falsch, denn aus der Kür ist ja jetzt eine „Pflichtkür" geworden, ähnlich wie das Kurzprogramm, nur länger.

9.3 DIE BEWERTUNG

Bis zu den Weltmeisterschaften 2004 gab es das jetzt „6.0" genannte System. Dieses führte wegen subjektiver Bewertung häufig zu Ärgernissen. Deshalb wurde in der Saison 2004/05 von der ISU ein neues Bewertungssystem eingeführt, das zu objektiveren und klareren Ergebnissen führen soll.

Neu ist der Einsatz eines digitalen Videosystems, das es den Preisrichtern ermöglicht, die Darbietung des Läufers wiederholt zu betrachten. Hinzu kommt, dass nun drei Funktionäre den Wettbewerb überwachen.

9.3.1 FUNKTIONÄRE UND PREISRICHTER

Der *Technische Spezialist* stellt fest, welche Elemente gelaufen wurden und wie hoch deren Schwierigkeitsniveau war. Er vermerkt nicht erlaubte Elemente, kreative Elementzugaben und aus der Wertung fallende, zusätzliche Elemente. Seine Arbeit wird vom *Technischen Kontrolleur* überwacht. Er und der *Technische Spezialassistent* helfen ihm, alle eventuellen Fehleinschätzungen sofort zu korrigieren.

EISKUNSTLAUF BASICS

Ein *Datenoperator* gibt alle vom Technischen Spezialisten genannten Elemente, Schwierigkeitsniveaus etc. sofort in den Computer ein, sodass unmittelbar nachdem ein Läufer ein Element gezeigt hat, der jeweilige Punktwert auf den Bildschirmen aller Preisrichter angezeigt wird.

Bei großen Meisterschaften sind *12 Preisrichter* eingesetzt, die sich nun ganz darauf konzentrieren können, die Qualität jedes auf dem Computer angezeigten Elements und des gesamten Programms zu beurteilen. Lediglich neun der von ihnen vergebenen Noten werden vom Computer zufällig ausgewählt und kommen in die Wertung! Welche dies sind, bleibt geheim, alle 12 Preisrichter werten immer mit! Die Höchste und Niedrigste der neun Noten werden gestrichen und nur aus den verbleibenden sieben Werten der Mittelwert errechnet, das sogenannte *„gestutzte Mittel"* („Trimmed Mean").

9.3.2 TECHNISCHER WERT EINES PROGRAMMS

Die Grundlagen der Ergebnisermittlung im Einzellaufen und Paarlaufen sind unter

http://www.eislauf-union.de/DKB-Ergebnisermittlung_ISU-JS.html einzusehen.

Dort gibt es eine Wertetabelle *(Scale of Values, SOV)* für Sprünge, Schritte und Spiralen, sowie Pirouetten. Für jedes Element ist eine Bewertungsskala mit sieben Notenstufen festgelegt, die von 3 x Minus, über den Basiswert 0, bis zu 3 x Plus reichen: „---", „--", „-", „Basiswert", „+", „++", „+++". Jeder Preisrichter vergibt für die Ausführung eines Elements eine dieser Notenstufen.

Beispielhaft seien die Werte der einfachen Sprünge gezeigt:

Tab. 3: Tabelle zur Ermittlung des technischen Werts

	- - - -3	- - -2	- -1	**Basiswert** 0 -0	+ 1	+ + 2	+ + + 3
Toeloop Salchow	0,1	0,2	0,3	0,4	0,7	1,0	1,4
Rittberger Flip	0,2	0,3	0,4	0,5	0,8	1,1	1,5
Lutz	0,3	0,4	0,5	0,6	0,9	1,2	1,6
Axel	0,3	0,4	0,6	0,8	1,3	1,8	2,3

Das „gestutzte Mittel" und der Basiswert des Elements werden addiert. Die Summe ergibt die Bewertung des Preisgerichts für die Güte der Ausführung jedes *einzelnen* Elements (Grade of Execution, GOE). Dann werden die Punkte für alle einzelnen Elemente unter Einbeziehung eines eventuellen Bonus oder Malus addiert zur *Technischen Gesamtpunktzahl* (Total Element Score).

9.3.3 DIE PROGRAMMKOMPONENTEN

Das vom Läufer gezeigte Programm gliedert man in fünf, der nachfolgenden Tabelle zu entnehmende Bestandteile. Jeder Preisrichter bewertet diese auf einer Skala von 0,25-10 Punkten.

Die Punktzahl des Preisgerichts für eine einzelne Komponente ergibt sich, indem das gestutzte Mittel mit den Faktoren in nachfolgender Tabelle multipliziert, auf zwei Dezimalstellen gerundet und dann addiert wird. Die Summe der fünf Werte ergibt die Gesamtwertung für die Programmkomponenten.

Wegen der Multiplikation mit den verschiedenen Gewichtungsfaktoren zählt für das Endergebnis die Kür deutlich mehr als das Kurzprogramm. Im Prinzip

EISKUNSTLAUF BASICS

gilt immer noch die gleiche Gewichtung wie beim 6.0-System, wo das Kurzprogramm den Anrechnungsfaktor 0.5, die Kür 1.0 hatte, das Kurzprogramm am Ende 33,3 %, die Kür 66,7 % zählte.

Die Punktzahl des Preisgerichts für die Ausführung von Sprungsequenzen und -kombinationen wird anhand des punkthöchsten Sprungs ermittelt.

Tab. 4: Bewertung der Programmkomponenten

Kategorie	Disziplin	Skating skills	Technical Transitions	Performance/ Execution	Choreografie	Interpretation
Kurzprogramm						
Nachwuchs-/ Jugendklasse	Jungen, Mädchen	0,80	0,70	0,80	0,50	0,70
Junioren-/ Meisterklasse	Damen, Paare	0,80	0,80	0,80	0,80	0,80
Junioren-/ Meisterklasse	Herren	1,00	1,00	1,00	1,00	1,00
Kategorie	Disziplin	Eisläuferische Fähigkeiten	Übergänge	Ausführung Darbietung	Choreografie	Interpretation
Kür						
Nachwuchs-/ Jugendklasse	Jungen, Mädchen, Paare	1,60	1,40	1,60	1,00	1,40
Junioren-/ Meisterklasse	Damen, Paare	1,60	1,60	1,60	1,60	1,60
Junioren-/ Meisterklasse	Herren	2,00	2,00	2,00	2,00	2,00

Diese Tabelle ist der Website der DEU (http://www.eislauf-union.de/index.html) entnommen.

BESTIMMUNGEN

9.3.4 PUNKTABZÜGE

Für Regelverstöße gibt es verschiedene Abzüge, z. B.
- Abweichungen von den Zeitvorgaben – 1,0 für jede fünf Sekunden zu viel oder zu wenig.
- Verstoß gegen die Musikvorgaben – 1,0 für gesungene Musik.
- Ungültige Elemente – 2,0 Punkte für jedes ungültige Element.
- Kostümwahl und Requisiten – 1,0 Punkte.
- Stürze: Als Sturz gilt, wenn beide Kufen das Eis verlassen und/oder irgendein Teil des Körpers oder beide Hände oder eine Hand und ein Knie zur Stabilisierung das Eis berühren. Abzüge sind
  - 0,5 für jeden Sturz in der Nachwuchs- und Jugendklasse (von einem oder beiden Partnern im Paarlaufen),
  - 1,0 für jeden Sturz in der Junioren- und Meisterklasse.
  - Programmunterbrechung:
  - 1,0 Abzug für eine Unterbrechung von 11-20 Sekunden,
  - 2,0 für 21-30 Sekunden usw.

9.3.5 ENDERGEBNIS

Die Summe aus technischem Ergebnis und den Programmkomponenten ergibt nach Berücksichtigung von Abzügen und eventuellem Bonus das Endergebnis für Kurzprogramm bzw. Kür. Die Ergebnisse werden zusammengezählt und ergeben die Endnote für den einzelnen Läufer. Falls zwei oder mehrere Teilnehmer die gleiche Punktzahl erreichen, entscheidet beim Kurzprogramm das technische Ergebnis, bei der Kür das für die Programmbestandteile. Herrscht auch hier Punktgleichheit, kommen alle auf den gleichen Rang.

9.3.6 ERFAHRUNGEN MIT DEM NEUEN WERTUNGSSYSTEM

Das neue System ist organisatorisch sehr aufwändig. Deshalb kommt es nur bei Landesmeisterschaften, dem Deutschland-Pokal und großen Meisterschaften zum Einsatz. Bei allen Pokalen und Wettbewerben in den LEV dagegen wird heute immer noch das „6.0-System" angewandt.

Die Meinungen zum neuen System sind geteilt. Das Ziel größerer Objektivität dürfte zwar erreicht sein, es gibt aber auch Stimmen dagegen!

EISKUNSTLAUF BASICS

Es gibt klarere Ergebnisse. Beispiel: Beim Paarlauffinale der WM in Göteborg 2008 hätte es nach dem „6.0-System" vermutlich zwei Goldmedaillen mit Wertung 6.0 gegeben. Es siegten die Deutschen Aliona Savchenko/Robin Szolkowy (Gesamtnote 202,86 Punkte) vor den noch nach dem Kurzprogramm führenden Chinesen Dan Zhang/Hao Zhang (197,82 Punkte). Die Differenz betrug also fünf Punkte, äußerst wenig im Verhältnis zu den hohen Endwertungen.

Die heutigen Programmkomponenten entsprechen der ehemaligen B-Note, früher schwerer zu fassen, heute genau definiert. Dennoch zeigt die bisherige Erfahrung, dass hier Qualifikation und Bekanntheitsgrad des Läufers immer noch Einfluss auf die Wertung haben.

Das „Well-Balanced-Program" aus vorgegebenen Sprüngen, Pirouetten, Schritten und anderen verbindenden Elementen führt dazu, dass die gezeigten Programme weniger variantenreich sind als früher, sich mehr gleichen.

Auch wird Risiko im neuen System nicht mehr belohnt! Beispielsweise zeigten die Herren, die bei der WM 2008 auf dem Treppchen landeten, keinen Vierfachsprung. Der regierende dreifache Weltmeister Brian Joubert wurde nur Sechster. Er stand zwar die Kombination vierfacher, dreifacher Toeloop, stürzte aber beim dreifachen Lutz, d. h. das Element zählt nicht, es darf auch nicht wiederholt werden und obendrein erhielt Joubert noch einen Abzug von einem ganzen Punkt! Gut ausgeführte, leichtere Elemente bringen mehr Erfolg als fehlerhafte, eigentlich höherwertige.

Sechs Vierfachsprünge in einer Kür oder Sprungkombinationen wie vierfacher Salchow, dreifacher Toeloop, dreifacher Rittberger, beides Timothy Goebel, 2002 und 2000 bei Meisterschaften gesprungen, gehören dort wohl der Vergangenheit an. Man sieht sie heute nur noch beim Schaulaufen.

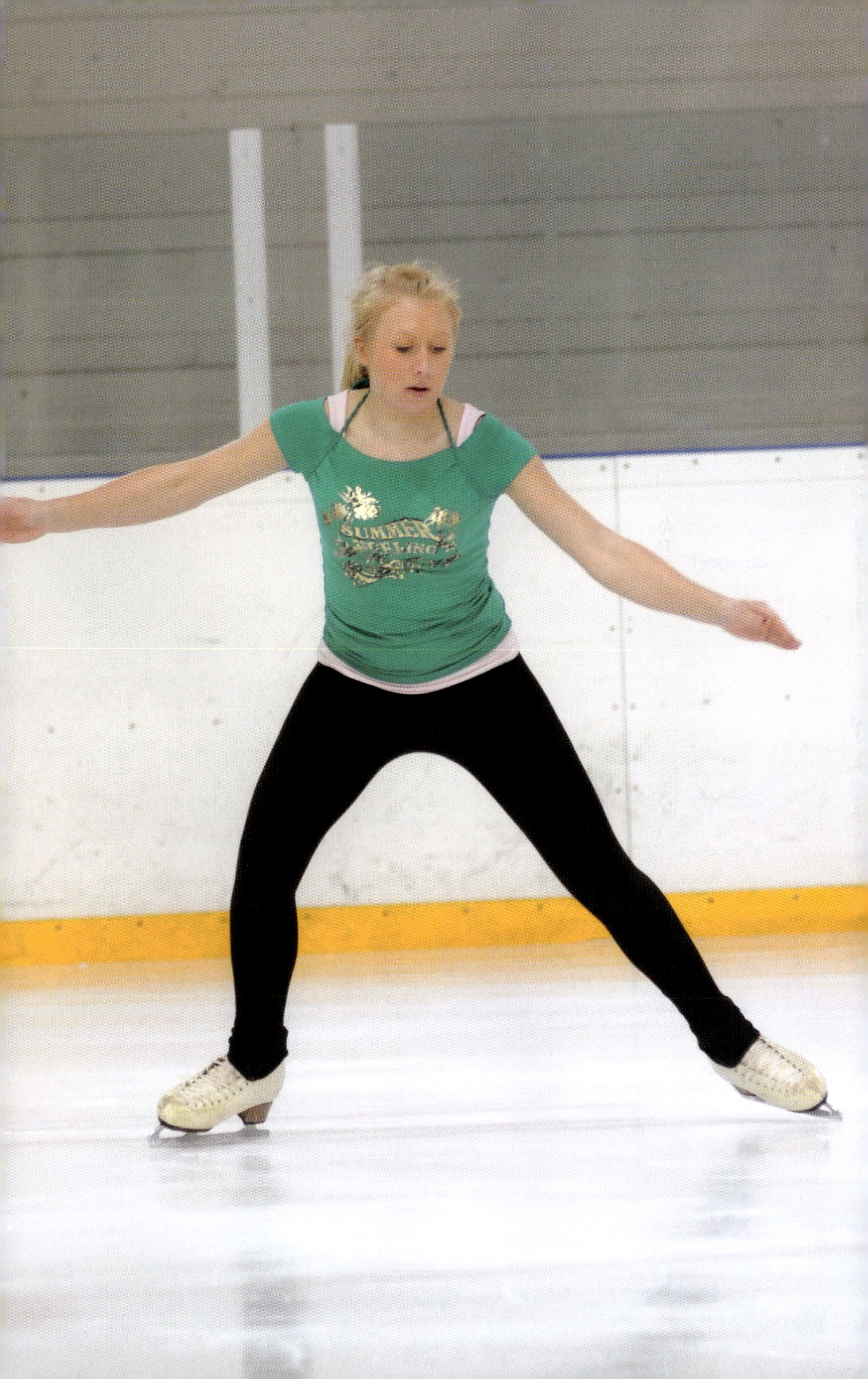
SUMMER

EISKUNSTLAUF BASICS

FACHBEGRIFFE UND ABKÜRZUNGEN

Achse
Gedachte Linie durch den Körper eines Menschen, um die er sich dreht. Im Eiskunstlaufen wird bei Pirouetten und Sprüngen nur um die *Körperlängenachse* gedreht.

Arabesque
Figur, bei der man, auf einem Fuß gleitend, bei aufrechtem Oberkörper das Spielbein so weit wie möglich zurückspreizt.

Arme in Gegenhaltung
Dies bezeichnet die Haltung der Arme im Verhältnis zum Spielbein. Wird z. B. das linke Bein zurückgehalten, ist der linke Arm vorn, der rechte Arm zeigt zur Seite.

Ausdauer
Psychophysische Ermüdungswiderstandsfähigkeit.

Äußere Kräfte
Kräfte, die zwischen Sportler und Umwelt wirken, beim Eiskunstläufer z. B. die Schwerkraft, die (Gleit-)Reibung …

Außenkante
Die Schlittschuhkante, die sich, bezogen auf Körper und Beine, außen befindet.

DEU
Deutsche Eislauf-Union, der nationale Fachverband für das Eiskunstlaufen und Eistanzen in Deutschland.

Gegenarm
Beschreibt die Haltung der Arme im Verhältnis zur Stellung des Spielbeins. Ist z. B. beim Fechter das rechte Bein vorn, so ist auch der Gegenarm (links) vorn.

Gegenhaltung ⇨ siehe Arme in Gegenhaltung

FACHBEGRIFFE

Gestutztes Mittel
Begriff aus dem „ISU Judging-System" in deutscher Sprache. Von der Wertung der 12 Preisrichter werden die höchste und niedrigste Note gestrichen und aus den verbleibenden sieben Werten der *Durchschnitt* errechnet. Dieser ist das *„gestutzte Mittel"* (Trimmed Mean).

Gleichnamiger Arm
Haltung der Arme im Verhältnis zum Spielbein: Ist vom rechten Bein die Rede, so ist der gleichnamige Arm der rechte.

Grundlagenausdauer
Die sportartunabhängige Form der Ausdauer.

Innenkante
Die Schlittschuhkante, die sich, bezogen auf Körper und Beine, innen befindet.

Innere Kräfte
Kräfte, die im Körper aktiv erzeugt werden, insbesondere die Muskelkräfte.

Körperlängenachse
Gedachte Linie durch den Körper eines Menschen, die von der Mitte des Kopfs bis zwischen die Füße reicht. Um sie wird bei Pirouetten und Sprüngen gedreht. Sprünge mit Drehung um die Körperbreitenachse (Salti) sind nur beim Schaulaufen erlaubt.

Körperschwerpunkt (KSP)
Ein fiktiver Punkt, in dem die Masse des gesamten Körpers gedacht werden kann. Er ist Angriffspunkt der Schwerkraft und verändert seine Lage mit Wechsel der Körperposition. Im Stand, Arme herabhängend, liegt er ca. 2 cm unter dem Bauchnabel.

Kopfstellreflex
Reflex, der bewirkt, dass man beim Sturz nach vorn automatisch den Kopf zurücknimmt und so das Gesicht schützt! Er kann durch Lernen ausgeschaltet werden, vgl. Startsprung beim Schwimmen.

EISKUNSTLAUF BASICS

Kufe
Die Standfläche der Eisen.

LEV
Landeseislaufverband

Radial
In Richtung des Kreisradius, also der Verbindungslinie zwischen Kreismitte und dem Laufpunkt auf dem Kreisbogen.

Rücklings
Mit dem Rücken zum Gerät, hier zur Bande.

Scale of Value
Jedes eiskunstläuferische Element hat einen bestimmten Basiswert, der in einer Wertetabelle (engl. *Scale of Value*, kurz: SOV) angegeben ist.

Schaulaufen
Eiskunstlaufveranstaltungen ohne Wettbewerbscharakter.

Spezielle Ausdauer
Die fürs Eiskunstlaufen spezifische Form der Ausdauer.

Sprungkombinationen
Eine Folge von mindestens zwei Sprüngen, die unmittelbar aufeinanderfolgen.

Sprungsequenzen
Eine Folge von mindestens zwei Sprüngen, die durch einen Fußwechsel, kleinere, schnelle, nicht als Sprünge klassifizierte Schritte oder Drehungen verbunden sind.

Spielbein
Das freie, nicht belastete Bein. Es sollte nicht herumspielen! „Freies Bein" wäre der bessere Ausdruck, üblich ist aber Spielbein.

FACHBEGRIFFE

Stellfunktion des Kopfs
Der Kopf hat entscheidende Auswirkung auf die Körperhaltung: Nimmt man ihn z. B. hoch, stellt sich der Rücken gerade.

Tangential
In Richtung der Tangente zum gelaufenen Kreis.

Trägheitsmoment
Eine physikalische Größe, die bei Drehbewegungen von Bedeutung ist. Sie bezeichnet die Trägheit eines Körpers gegenüber einer Änderung seiner Rotationsbewegung. Für einen Massenpunkt der Masse m, der sich im Abstand r um eine Achse dreht, wird das Trägheitsmoment J definiert als $J = m \times r^2$.

EISKUNSTLAUF BASICS

LITERATUR

Deutsche Eislauf-Union: (2007) *Deutsche Eiskunstlaufbestimmungen für Einzel- und Paarlaufen* (DKBEK).
Internet: http://www.eislauf-union.de/download/10-DKBEK-Stand_30-09-2007.pdf

Hofer, Walter (o. J.): *Kunstläufer, Figurenläufer, Freiläufer, Schnellläufer, Eishockeyspieler. Übungsanleitung für Schulsport und Vereinstraining*. Füssen.

Hügin, Otto (1988[3]): *Eiskunstlaufen mit Denise Biellmann*. Thun: Ott Verlag,

Hügin, Otto (2004): *Eislaufen leichter und sicher erlernbar. Ein Lehrbuch für Alle.* Zürich: Otto Hügin.

International Skating Union, Special regulations & technical rules single & pair skating and Ice dancing (2006). Internet: http://www.isuskating.sportcentric.com/vsite/vfile/page/fileurl/0,11040,4844-178381-195599-111175-0-file,00.pdf

Kassat, Georg (1993): *Biomechanik für Nicht-Biomechaniker. Alltägliche bewegungstechnisch-sportpraktische Aspekte*. Bünde: Fitness-Contur Verlag.

Knoll, Karin (2004): *Trainings- und Wettkampfforschung im Eiskunstlaufen. Komplexe prozessbegleitende Trainings- und Wettkampfforschung in den technisch-kompositorischen Sportarten unter besonderer Berücksichtigung des Eiskunstlaufens*. Bundesinstitut für Sportwissenschaft, Köln: Sport und Buch Strauß.

Morrissey, Peter (1998): *Lust auf Eiskunstlauf.* Stuttgart: Pietsch Verlag.

Polednik, Heinz (1979): *Sport und Spiel auf dem Eis. Eisschnelllauf – Eiskunstlauf – Eishockey – Bandy – Curling – Eisschießen – Eissegeln*. Wels: Verlag Welsermühl.

LITERATUR

Treitz Elke & Wolter Ingrid-Ch. (Hrsg.) (2004). *Sternstunden des Eiskunstlaufs – Born to be a star.* München/Ahaus: Lensing Druck.

Wikipedia. Internet:
http://de.wikipedia.org/wiki/ISU-Wertungssystem_f%C3%BCr_Eiskunstlauf_und_Eistanzen

Witte, Waltraud (1995): *Bewegungslehre/Biomechanik des Eislaufs.* Skript für die Studierenden des Sportzentrums der Universität Erlangen-Nürnberg. Erlangen

Witte, Waltraud (2000): *Tipps für Eis laufen.* Aachen. Meyer & Meyer.

Zeller, Erich (1982[3]): *Eiskunstlauf für Fortgeschrittene.* Berlin: Bartels & Wernitz.

Bildnachweis:
Covergestaltung: Jens Vogelsang
Coverbild und Bilder Innenteil: ISPFD – Thorsten Schönberger

EISKUNSTLAUF BASICS

Esther

Ronja

MITWIRKENDE

Steffi und Saskia

Victoria

Ina Hyyppä mit Trainerin Meister-Goschy

EISKUNSTLAUF BASICS

Julia

Jenny

MITWIRKENDE

Sören

Svenja

www.dersportverlag.de

You Can Do It
Max Rieder & Martin Fiala
Skier's Fitness
Konditionstraining im Skisport

Auch in englischer Sprache

2. Auflage
112 Seiten, in Farbe, 48 Fotos, 7 Abb., 9 Tab.
Paperback mit Fadenheftung, 14,8 x 21 cm
ISBN 978-3-89899-249-7
€ [D] 14,95 / SFr 25,90 *

You can do it
Johannes Roschinsky
Carven
Faszination auf Skiern

Auch in englischer Sprache

2., überarbeitete Auflage
128 Seiten, in Farbe, 23 Fotos, 14 Abb., 14 Tab.
Paperback mit Fadenheftung, 14,8 x 21 cm
ISBN 978-3-89899-253-4
€ [D] 14,95 / SFr 25,90 *

Johannes Roschinsky
Nordic Cruising
Skilanglauf leicht gemacht

143 Seiten, in Farbe, 78 Fotos, 10 Abb., 15 Tab.
Paperback mit Fadenheftung, 14,8 x 21 cm
ISBN 978-3-89899-234-3
€ [D] 9,95 / SFr 17,50 *

Klaus Bischops & Heinz-Willi Gerards
Skigymnastik
Warm-up

5., überarb. Auflage
112 Seiten, in Farbe, 194 Farbfotos, 3 Tab.
Paperback mit Fadenheftung, 14,8 x 21 cm
ISBN 978-3-89899-146-9
€ [D] 14,95 / SFr 25,90 *

MEYER & MEYER VERLAG

online
www.dersportverlag.de

per E-Mail
vertrieb@m-m-sports.com

per Telefon / Fax
02 41 - 9 58 10 - 13
02 41 - 9 58 10 - 10

per Post
MEYER & MEYER Verlag
Von-Coels-Str. 390
D-52080 Aachen

bei Ihrem
Buchhändler